Den ludna dörren I: Besvärjelser

Den ludna dörren I: Besvärjelser

Den ludna dörren I: Besvärjelser

Uffe Berggren

Omslagillustration: Uffe Berggren
Layout: Reagens Kommunikation KB.
Förlag: BoD – Books on Demand, Stockholm, Sverige
Tryck: BoD – Books on Demand, Norderstedt, Tyskland
ISBN: 9789178510665

Den ludna dörren I: Besvärjelser

Uffe Berggren

Statues made of matchsticks
Crumble into one another
Bob Dylan: Love Minus Zero/ No Limit, 1965

Den ludna dörren I: Besvärjelser

När vi lever i alltför hastig och okomplicerad flykt

Letar vi inte efter vad vi förhoppningsvis vill veta

Vi ska se vad vi verkligen hittar i tankelinjens slut

Allt ska leda oss in i det vi ser av möjligheter

Glömskan som stiger från livets bakgårdar

Eller om vi kan förmå oss att förstå allt detta genast

Som om vi nödvändigtvis ska veta svaret på allt

Som om livets resultat ska veta vad vi ska veta

När vi kan sätta det slitna ödet där det ska vara

Det kan vi uppskatta med vår detaljskärpa

På allt detta som en slags summa av våra liv

På alla de sätt vi ska förstå handlingens slut

Om motgångarna vi åstadkom tillsammans

I det som sköt fram i natten, det vi ville

I det som landade i vad vi skulle kunna vilja

Med årtagen runt den egna slitna existensen

Som resultat av ett mer felaktigt beslut

Eller rader av mindre lyckade livsbeslut

På den lilla rest av andäktighet på svalen

Som brinner en egen extrem vildhet i natten

När vi avger svårmodigt toxiska tankar i mörkret
Och vi hela tiden ständigt tänker: "Avslutningsvis!"
Vi tänker på det vi inte längre vet
Om oss själva likt ett svar från historien
Så, vi väntar …

Tankens bistra verklighet blir aldrig mer högoktanig

Än i sitt första ömsint stapplande framträdande

De ensamma löntagarna visar sig i tiden

Och allt briserar i långsamt tvingande ursäkter

Det rebelliska i subversivitetens heta andedräkt

Är ingen givande dörr till andra universum

Vi känner regnet stilla flimra framför våra ögon

Det är en del av den existens vi värnar om

Det är ingen del av det liv vi tänker oss

Livet ska ovillkorligt brisera i en ödmjukhet

Trots tanken på allt vi kan veta dessutom

Tillbaka för att vi ska kunna se detaljer

Eller de enheter i en avlägsen framtida dåtid

Vi fann en slags morbiditet i att förklara

Är vi som då vi ska veta de andras vetskap

Vi letar som i ett delirium så slitet

Att vi aldrig kan kyssa oss själva i motljus

Då TT-bluesens andedräkt är vårt paraply

Som om våra ögon är mer slitna än andras

Med slitna fingertoppar från temperaturen

Av en kringkastad ögonfröjd i nattens mörker
Sanningen av ryktade ljudmattor i strandkanten
Och vi plisserar våra åsikter efterhand

Nu är vi alla de post-it-lappar planerna skrivs på

Polisen kallar oss vid dopnamn utan att vi ens reagerar

Vi laxerar våra egna arbetsuppgifter i staccatorytm

Som om vi aldrig förstår att vi ville leka med kungar

Som täpper alla sina porer med tankepulver av guld

Nu är vi på besök i våra emotioners slaka gårdag

Och de är inte samma sak som våra fienders svek

Snarare kan vi betrakta allt med svekfullhetens skepsis

Och minnas det förflutnas enerverande svarta allvar

Av allt vi kontrar med i tankens motlut som tröst

För det vi ska förstå att vi aldrig mer ska se det igen

Ratat, bortslängt och illa tänkt i sin egen tillblivelse

Vi ska förstå att vi fattar det gamlas föreställningar

Och det förefaller oss som om alla slitna vadslagningar

Vi ska åtnjuta i den förlängning av livets katodstrålar

Som leder oss allt längre bort på den slitna barrmattans stig

Av vad vi begriper av det vi i grunden inte kan förstå

Då vi inser att vi ska hysa förtröstan till enheterna

Om vi ska fortsätta att vara en av de oavgjorda delarna

Men är vi två skilda skapelser som söker ursprunget

Vet vi inget mer än de fadda och slitna svaren vi får

På den sidan av busstationens annex vi aldrig väntat

Och det är den klaraste stilrenhet vi haft tid att samla

Så du gav av allt annat det enda vi ser försvinna

Och försmås av den kyla du utstrålar i natten

Andningen älskar utsprången i motljusets skimmer

Är själv liten i jämförelse med avsiktens odörer

Som vi skulle kunna veta när och vart det bär hän

Vid sidan av våra intentioners skuggade förväntan

Vi är så arma i detaljer att vi landar i ett slags hopp

Och när vi är så trosvissa visar sig själens baksida

Att vi tunnar ut vårt förhållande till hjärtats drivved

När vi siktar dem som om de anländer i tid ska segra

Och vi ser det vi betraktar som hjärtats gamla syskon

Vi ska förstå hur vi då ska leta oss fram i natten

På det allvar vi ska förlita oss i morgonljusets ridå

Av emotioner vi hoppades andra skulle ta över

När livets stormtrupper tjattrande rusar in i manegen

Ser vi blänket i våra egna, envist förlamade ögon

Någon av alla dessa situationer som lever mest

Vi hyperventilerar intensivt och håller allt tillgodo

Som om vi vill förstå alla svultna förväntningar

På så sätt är vi de sista slutsatserna vi upplever

I vår del av den obefolkade trängselns labyrint

Vi vet inte det som vi håller för den trogna kunskapen

Yttre tankar från någon tar vi tacksamt emot

Inte det snåla som avgör frekvensen i lyssnandet

För att vi kan veta så exakt vad det är vi ser där

Därför är vi alltid och för evigt sådär envist olika

I alla delar av vårt värv och verk för envisheten

Vi beslutar det med en blinkning åt evigheten

Eller mot de som omger oss på allvarets sida

Kanske vi lite generat tar en munfull av snarlikheten

Av vad vi vet att det ska handla om i motsatsens hall

För att det vi gör i kvällens slitna timmars vaka

Slutar i och med midnatt eller om vi befrias i realtid

När du svepte dig i helt oskalade hinnor av dumheter

I din egen inlärda förträfflighets nödtvungna likvaka
Räknades enbart de dagar då du var så oavsiktligt
närvarande
Och det vi kan tycka oss se i lampans frusna sken
På alla sätt och vis är vi i allvarets slutna rum
Och drar våra enkelspåriga slutsatser för alltid
Var de mest förekommer i föråldrade synsätt
Och vet allt det du i baksug anser skulle vara otroligt
Så vi delar allt i en motsättning av enfald
Vi ska upplysa om vidden av den slutna bilden
Främst om nätterna som trevar sig sakta framåt
I den snålblåst som så felaktigt kallas karriär
Och det sliter i dig att du är en del av detta
Obeskrivliga vi alla vet om att vi tar vid oss av
Tar den del av det vi räknar in i livets videkorg
Ett ansvar vi förtjänar att känna oss ett med
Som om kulturflirtarna är fast i Stockholms slum
Och vi gynnas av ohygglighetens oavsiktlighet
När vi på andra sidan tankens baksida vältrar oss

Museipedagogiskt i all vår slitna drivkraft av tvång

Den ludna dörren I: Besvärjelser

Delarna slukar med avsikt det hela i den slitna natten

Som om människans egna ljus är vår enda fyr
Gror ur en skugga av dess mest slitna vänner
Då fattar vi insikt på alla trossamfundens höst
Och vi letar efter det i den hårlösa insiktens ljus
Som en del av det vi ska fatta att vi lever av
När vi åter blir så lokalt efter det vi sökt så länge
Ur sin tillflykt för hölster av allt det förflutnas hakkast
I alla de led vi har fattat att vi deltar i som bönder
Nu först en sommar som borde ge oss det vi hört
Är en snutt av den vildhet och frånvaro vi nu ska undersöka
Och inser varför vi på avstånd och i baktid är så up-
prörda
Att vi aldrig förstått att vi så vanemässigt länkat vår
fråga
Då är vi alltid en smula övermedvetet avståndstagande
I alla de sköra tankar vi så småningom ska komma
att förstå
Vi vill veta hur och om det framöver ska fortsätta i alla

De delar vi ser ankra upp i framsidan av vår existens
Framför en del av alltid strypta inkomster och sol
Framför de så stramt reglade farstukvistarna i våra liv
Där är vi alltid på vår sida av det enklaste av alla liv
Vi ska vara och försöka ge oss på att veta vad vi kan-
ske vill

Det alltför synliga blir alltför irrelevant

Ännu en del av den höga hastigheten i natten
Av tanken som lever har blivit goda indicier
Ser somliga så slitet vissna tankar som ändå lever
Ur en helt annan del av det liv vi uppskattar
Raskar på i jakt på allt osynligt som rubbar
Efter vad vi behöver för vår vardags ljus
Ser vi det som vi alltid ska göra efter kvällskaffet
Vara allt detta med en aning anis på toppen
Under allt för den delen av smedens roll
Skulle förstå alla de där tankarna på snarlikhet
De spröda vi tyckte var så oerhört bedårande
Så pass att begriplighetens motsvarighet ändå
Blev till en skrämselfylld evighet av våndans topp
Av alla våra tankar på vad vi ville att vi skulle veta
Att det ur klokhet efter detta skulle komma annat
Att summan av allt, då ur en del vi inte förstod
Alla dessa tillskott, som en del av enhetlighetens motell
Skottar tankegrötens lergravar i gryningens stilla ljus
Som en av täckena i den stilla evighetens blå rökar

Vädrets skrift som slitna stereotypers verksamhet

Låsta i de otröstade delarna av gårdagens slit
Till det vi förstår om det motstridiga i det gamla
Delarna av allt det vi inte accepterat som sanning
Tills våra äventyr hittills blir en minnets allmosa
Kanske allt ska bli så mycket enklare att förstå
Att det inte längre är någon skillnad alls
Vet vi behöver den nivån i det atrium vi besöker
När vi fattar hur det ska vara omkring alla de
Små delarna vi inte fattar är ett sammantaget allt
Har en del räckt för att sätta fast tanken som minne
Till och med när vi slutar jaga lastbilarnas tordön
I allt, inte bara till en del, som ett slut på bilderna
Inte enbart snöpliga kulor av vemod i gryningen
Eller de avbilder vi tror oss se i ljusets brytningar
På det gravallvar som är skämtets rena mylla
På allt det vi ångrar att vi lärt oss tro oss förstå
Uppgifterna vi skulle fortsätta att ta oss an
Det vi funderade över att vi skulle ge ett handtag
När vi stod vid mynningen på den slitna gatstumpen

Den ludna dörren I: Besvärjelser

Nu vet vi onsdagens grymma slut på drömmen

I alla de uppfattningar vi ville hålla fast vid

Av och till på den sista brantens eko av ljus

I alla delar av det som fattas vår fantasi

I alla de minsta delarna av arbetets frukter

På alla konsonanternas elaka mammors ryggar

Ifrån obegåvade slentriansydda varianter av tweed

Något ifrån skyn av det snabba vi undgått att se

Och vår uppfattning, snäv som den kan tyckas

Från det som någon vattnar sina ödsliga tankar med

När vi vet om det ska röra sig om annat än sanning

När vi inom oss vet mer än vi egentligen förstår

Är det sista sittningen innan vi kommer hem

I alla dessa delar av den snabba rörelsefaktorn

Men vi inser vådan av allvarets konsekvenser

På delvis "ograderade manér" på sluttampen

Det är verkligen som om detta är en slags tävling

Av tomhetens snabba förlopp i vår skuggas kyla

Men, fattar vi vad greppet innebär i sin förlängning

Som om det slösar med andra tankar i vår närhet

Skratta till i ett plötsligt inferno av så dramatiska hågkomster

Alla de ambitioner som briserar i miniatyriserade delar

Vi skulle krama den tanken lite mer i grunden

På vägen, på den slitna vägen ut mot den skandalöst hemtrevliga avgrunden

Som ur allt det vi måste notera som viktiga komponenter

Kanske mest de stora insatserna från det obevakade undermedvetna

I alla delar på det enkla sätt som stimulerar oss mest

Och i alla de enheter som vi anser ska delta i dansen

Vi ska oavlåtligt komma på nya beståndsdelar i livet

Och det är egentligen inte så vardagslikt som vi trott

Att vi närmar oss, vanligtvis inte noterar de mest aparta inslagen

I att det alltför vanligt uppenbara i våra hjärnors stadiga brus

Den ludna dörren I: Besvärjelser

Och obehaglighetens virrvarr i våra sista sekunders
allvarlighet
På det sätt vi enkelt skulle kunna förstå som vår egen
motgång
Tills livet blir sig självt i nyare mexikanska tankegångar
Som bygger upp ett slutgiltigt allvar av oändlig
förväntan
Som vore det en av vår mest tydliga vilsenhets mödrar
I allt vi gör, låtsas göra, försöker göra eller avstår helt
ifrån

Tårarna som sakta fälls i Umeälven när vi böjer oss

För vinden som för odören från Obbolaverket hit

Även de skador som ångesten medför i motvind

Är de tankar vi ska hålla oss undan med avsikt

Då kan vi försöka lära oss vad som är hela landskap

Från något annat ställe i medvetandet heta oskuld

Vad vi kan veta om lögnens plats i den svarta sorgen

Vi hade kanske i alla fall en slags kontroll av livet

Och de tankar vi försöker kalla för åtskildhetens värme

När de smärtfyllda smärtvägarna nu grupperas vid
horisonten

Dagsljuset vibrerar som den svarta hågkomstens syster

Där själarna är omgivna av sin egen olidliga svartkonst

Vi ska forska om alltets enda myrmark i motlut

Ska fylla bokens travesterande sidor i all evinnerlighet

Som om det vi förstår är det viktigaste av allting

Som om det är en del när vi skiftar grepp på världen

Och rammar motoristernas huvuden som vardagsmat

I alla de delar vi ska lära oss ett hum om i slutänden

Att vi sätter allt det fria från det döda i livskanten

I de tömda korridorerna av släpphänthet vi beundrar
När vi är i färd med att avsluta vår tvagning av tiden
Och frosten vältrar in över bakgårdens svarta fyrkant

2.

Innerst inne vet vi alla de svar vi jagar i livet

Så vet du vart vi ska ta vägen i det långa loppet

Eller är det för mycket individuellt ansvar att begära

Möjligen är det inget att bry sig så mycket om i längden

Livet blir bara så irriterande stelbent när det är svårast

Sviket som det förlorade ägget i vår slitna uppenbarelse

Allt det vi sade är samma saker som vi redan glömt

Vi kräver något av livets egna stötar i förlängningen

Som en de svåraste fallen av öde inkompatibilitet

Att vi sakta släntrar i slöjdens sluttande salars slott

För att redan där åstadkomma den finess utan slut

Är effekter av ett system vi aldrig lär förstå oss på

Ska vi inte fylla livet med magiska utfästelser av gråt

Redan där förstår vi så klart att vi är på väg att tappa
greppet

Det är synnerligen uppenbart i motljusets kysstäcka
bris

Av de släntrande, vanmäktig utmanande versionernas
vals

För att inte ens kalla det imperfekta ansatser av vånda

Att hålla en tanke fast i det gamla mitt i brusets svall
Och slutar i detta nu en av de bästa tankarnas framväxt
Vi ska förstå att vi håller på att bege oss hemåt i natten
Som om det skulle gå att avgöra om några minuter

I detta avslut där vi aldrig träffas i motljusets konturer

För att vi trotsar alla våra minnens eventuella framtid

I all vår egendomliga attityd till vår egen identitet

Att vi aldrig i förtvivlan slutar blinka i det skarpa ljuset

Går ut på att vad vi gjort skulle vi aldrig förstå själva

Att det vi så småningom tar fatt i på ett slags allvar

Var, egentligen, ligger våra rum i detta livets kaos

De kreverande tankarnas abrupta snöpning av allvaret

Vid en stillsam insjö i mellersta sommarlandets allvar

Att säkerheten vore en chimär för den sida vi valt

Som att börja när vi aldrig fattade att det fanns ett slut

Att vi borde utnyttja våra frånfällen till det yttersta

Då är vi de enda själar i universum som sluter sig

De enda vid rätt virkets enskilda uppställningar av hat

Att de vi skulle förstå att vi vill något annat än annonser

Letar efter dessa, vi sonderar våra egna själars ytlighet

I alla dessa stora tankar vi glömde för en stund sedan

Hantering av livet, för den, inte som ett ändamål

Att vi längtar efter söndringen i allt det till synes perfekta

Så vi bekänner oss till annat än läpparnas rörelser

När problemen ensidigt så tvärt slutar anpassa sig

I en melodi av den hetsarbetande vanmakten

Och hungriga själar slavar i enveten motvind

Och alla väntsalar i världen är så grått melankoliska

Alla tankar blir så förminskade av gråhetens anda

Vi ser oss om, även på avstånd, i alla väderstreck

I allt det vi ska tro att vi till slut ska förstå

Men det rimmar illa med törsten efter smågråt

Och vi kommer aldrig att fatta vad som var på väg
att hända

Förrän vi ska vara så uppriktiga och sanna vi förmår

På alla de fotsteg vi undviker att ta för att undgå livet

På insidan av den ängsliga förtretlighetens ljusa fönster

Som om förståelsen är vad vi ska stå ut med, vad vi
än gör

Och detta som är i väntsalarnas gryningsbleka andetag

Och de tankar vi ska lära oss att vi inte kan begripa

Men det ska, och kan, vara det som distraherar oss
på allvar

Vad det ska hålla sig i skinnet och leta utvägar ur ledan

Om vi ska lägga beslag på allt det vi förundras över
I alla delar, i denna hållplats, delande som i motvind
Söndrar vi oss själv redan i den givna specifikationen

Vandrar vi enbart i snörräta riktningar i nattens snökaos

Där vi förbarmar oss för det aktuella i backspegelns spegling

De odefinierade sanningarna trotsar uttalets frikativa läten

För att detta ska bli allt mer den sanna uppfattningens idé

Närfokuserade på det sätt natten frivilligt låter sig snöpas på

I alla de moment av livet vi ska förnimma hur vi ska ta oss bort

Och fly undan allt den retlighet som emanerar ur det urskillningslösa

Att vi ska veta hur det ska vara uppriggat för förståelsens ljus

I den sebrarandiga skönhetens svaga återblänk av natur

Försöker vi veta vad det ska kantra som i snömoddens motstånd

På att de vinsatser vi tillverkat under livets snabba

förlopp

I alla de fall då det rör sig om andra tankar, andra
uppdrag

Efter det övertydliga läge då vi förmådde avgifta våra
spridda tankar

I de tidiga morgontimmarnas insmickrande löften
om mer tid till allt

Då vi eventuellt fattar vad vi gör med oss som en gåta
av livskraft

Vi förstår vad vi ständigt gör av alla våra mulet
aggressiva tankar

Vi ska återigen försöka på alla de sätt och vis vi ännu
förmår

Om vi fortfarande tror oss fatta en smula av vad livet
ännu innebär

För att vi fortfarande tror oss om att veta livets förnamn

Det gör oss inte bättre lämpade att slänga titlarna
med det

Fast vi ännu letar efter det pronomen som ska lösa allt

De dansar ekologiskt laddade i gryningen första slitna ljus

Uttalande de tänkta egna ordstäven från den mörka natten

Tar stora tuggor av det vi helst av allt ville göra klart

Är en del av det vi hade bevisat att vi hade syftat på i anden

I alla de delar av vi hade gett upp om att förstå genast

När vi i regnet förblir avmattade på ett slags avstånd

När vi ska träffa oss själva i ett svidande våldsamt motstånd

Som slutar i sin ena hörnas obotligt slutgiltiga envishet

Så när vi fattar vad vi oavvisligt skullekunna hålla oss undan från

Fattar vi att livet handlar om så mycket mer än livet

Av det vi sysselsätter oss med i slutgiltiga anakronismer

Förefaller inte så ensligt tomt och snöpligt som det kan förefalla

Som om vi skulle fortsätta längre förbi i allt det groteskas lust

När vi ser snöskottningen som den största delen av

livets medgångars agenda

Vilka är vi då att slösa överord över oss själva i en förnekad morgon

Vi visste, vad det egentligen innebar, som det till synes handlade om

Åter i denna kull av tankar som en sliten metafor för det övergivna

Som om det oavlåtligt växer fram än mer att beakta längs vår väg

Ju mer vi tror oss förstå av det vi egentligen redan borde ha fattat

Genar vi i tankarnas upphettade myller för att hitta en föga använd stig

Och sliter stigar, brukar vandringens slitna klyscha, för vår egen del

Frågorna är lika friska och färska som när vi först stötte emot dem

På alla de varseblivna delar vi fattar att huvudfrågorna omfattar

Ska vi aldrig fatta detta som en del av det förflutnas korridorer

Blir vi koncentrerade på det som INTE är istället för det som ÄR

Och det vi kanske når fram till vid uppdragets slutliga avrundning

I allt det som varit när vi försöker förstå dess absurda ursprung

Det vi aldrig iakttagit som det slutgiltiga i vår relations bottenpunkt

Från tankarna som emanerar ur de alltför inredda rumsligheterna

Resultatet är inte beroende av det utfördas kvalitet och pondus

Vi kunde ha fortsatt vårt samarbete sedan det första gången gick i stå

I alla dessa våra beslut att efterleva snabbhetens döende suckar

Som det skulle fattas något vid bryggan till framtidens inbilskhet

Som det i all enkelhet skulle kunna handla om i nuets

efterklang

Som kanske aldrig, eller kanske aldrig mer, skulle
befinna sig i zenit

Som om förståndet vi letade efter inte gav oss något
klarare stöd

I den envist snabba flykten som aldrig har förunnats
oss i livets dröm

Vi fattade aldrig vad det var som drev oss ständigt
framåt i natten

Vi såg oss om efter delar av det som vi trodde verksamt
drev på oss

I de allra sista av våra slitna verkligheters så erbarm-
liga tankar

I allt vi delar ska vi snart tappa bort det mest up-
pskattades skönhet

Eller på den envisa insiktens enfaldigt brölande up-
pfattning av lycka

Vi smidigt skulle kunna hantera på eftermiddagarnas
tebjudningar

Vad vi ser träder in i alla deltagares slutna sinnens mörker

Som om vi ser sådana saker som råder över livets allvar

När vi på allvar var så enögt inriktade på målets struktur

Att vi aldrig kunde förstå de brustna tankar det genererar i oss

På de slutna delarna av vår omedelbart angränsande framtid

Som om allt det vi kunde förstå var känslor av intighet

Det vårt allvar tvingade oss att dra förhastade slutsatser av

När vi brände fast oss själva i motsatsernas enfaldiga kaos

Om det omedelbara vi kallar närhet och anbefaller ordning

Som om det vi ska inse så snabbt, men långsamt, vi bara kan

Av allt det vi sett oss själva göra i vårt eget slutna mörker

På det tak av idéer som skulle kunna omge våra mörka dagar

Då förstår vi på allvar omfattningen av detsvårartat
ödesmättade
I alla slitna omformulerade tankar vi halvhjärtat
försöker förstå
Som om det är i dessa tankars godtagbarhet vi behöver
Enskilda samtal med vanvettets vantar på ständigt
språng
Med våra saktmodiga vänners uppgivna åsikter om
badsalt
De kan aldrig bli tillräckligt fokuserat intressanta
länge nog
För att kunna leta i okynnets valkiga korridorers lugn
För att kunna ta det på det sättet vi aldrig ska ge upp om
Betraktandet i enslighetens omoderna uppgivenhet
Och vrålen från gångtunnelns mynning minner om
tillväxt

Det vidriga i livets envist slutna slingrande katakomber

Är det skvallrar om maktens oförsonliga uppgifter i natten

Eller ler när våreldarnas sken reflekteras på husens väggar

Till en overklighetens kvarstadsbelagda tynande tillvaro

Som om alla har det späkande tvånget över sig att veta allt

Vi låtsas krampaktigt veta vad allt detta nu handlar om

Sedan en del av de tankar vi dragit på oss är mer lösliga

Är tanken lika sliten som den hjärna den tycks finnas i

Är enbart de tårar vi pressar fram det svar vi jagar efter

Alltid vissa visa tankar i ett levebröds inkapslade rörelser

Vi vill åstadkomma åsikter med hjälp av vattgrötens bas

Som supplement till våra brännande hjärnors envisa vattentramp

Håller för kärligt allt som brinner i livets uppförsbacke

Intressant och lösligt om skapandets slitna dimensioner

Den ludna dörren I: Besvärjelser

Är våra tankar så modstulet avslagna efter nattens vrål

När våra konster avsiktligt ser till att de aldrig möts

Eller är det bara omständigheternas förstulna idéer

Vi plötsligt stöter på när vi tror det ska vara något

Av allt detta vi ska veta huvuddelen av vad vi söker

Så vi gör oss osynliga i allt detta obarmhärtiga ljus

Vi försöker lära oss hur det ska gå till att vara människor

I alla de delar vi förhoppningsvis ska finna längs vägen

Att vi lägger om alla våra riktningars slitna inställningar

Där de så obeskrivliga delarna inte längre har några
namn

Av det vi ska framskjuta i motståndets haltande estetik

Som om vi tar spjärn i motståndet och aldrig slutar
kämpa

Ska vi någonsin veta vad det egentligen handlar om

På de sånger vi när våra motstånd i slutstegets allvar

Att de kanske gör oss till de mest konsekvent inbundna
individerna

De ska veta att vi ger oss till känna i motljusets skugga

För att vi vill lära oss hur det hänger samman i
slutänden

Den ludna dörren I: Besvärjelser

Ska vi slita oss ner till fotknölarna i motståndets panik

Eller ska det ta ett tag att fatta det sköna i agerandet

45

De lugna minuternas evinnerliga påpekande av flödet

På stora gatans flöde av aktiviteter och alltför långt
borta
För varje år – vart vi driver våra slitna ödens riktning
Och jag som ständigt återfinner mig själv oc andra i
en återvändsgränd
För att jag aldrig riktigt förstått hur tidens axel snurrar
Varför jag inte lever i gatans så upprepat steniga öken
När jag var lite mindre var jag mer oförstådd än idag
Visste jag att alla de tankar vi har att låta oss förstå
Om bidrag som är iscensatta av de andras idéer om
stödåtgärder
Faller igenom alla slags välmenande skyddsnät
Nu var vi på allvar en slags lanthandel für alles
Slitna från alla sammanhang och sådana villkor
Som drar oss bort från alla de andras lilla lägereld
Av alla våra uppfattningar vi ska låtsas känna till
Hur de skulle ge efter är i det vi ursprungligen ville
Kanske vi vet att i alla de fall vi tvekar så har vi rätt
Vi ska förstå att vi antagligen håller alldeles för troligt
Att vi ska veta anledningen till allt det vi håller fast vid

Att vi ska veta vem vi ska sikta på att hålla ihop med
Åtminstone för denna så upproriska del av livet

Den ludna dörren I: Besvärjelser

Där vi varit som egna barn i lanthandelns pentry

Är vi som alltid lika osäkra på vart vi är på väg
Om det ska krävas kraftigare åtgärder av annat slag
Och det numera vi ser så osäkert och skavande på
Då börjar vi tänka att vi inte kan skåda vidare
I alla de avbrott vi aldrig förstått oss på att tyda
Vi skulle fasa av kanterna i våra liv med allvar
Och det som skulle fattas var väldigt osäkert
Vi skulle förstå att det egentligen handlar om
Att vi tar mer plats än vi från början skulle ha trott
Av det vi ska förstå att ta hand om i allt detta
Fattar vi alldeles för många idéer ur tomma intet
Som vi ska ta tag i i alla kanter och formera snabbare
Vi fattar inte att de är som det största vi kommit på
Vi ville veta det ospännande verktygets funktion
Och det får vi aldrig veta hur det skulle kunna gå
Plötsligt ser vi ingenting vi behöver eller ska göra
För att äntligen skapa ett slutgiltigt och enkelt svar
på frågornas uppmaningar
Som vi borde förstå att vi ska dra oss mot kanten

Av alla de slitna förklaringarnas brusande motgångar

Har vi gett varandras tankar ett slags ömsinthet

Att förändra vad vi har att tro på som ett slags vittnen

Som om livet är en sliten katekes från dödens väntrum

Som om de handlingar vi tvingas utföra långsamt kväver oss

Och blir en del av det förflutnas evinnerliga tjatter

När upptagettiderna vomerar på våra tvingande beslut

Att de är på det hela ett slags vilsekommet antagande

Om hur livet kan te sig för alla de där andra människorna

Vi vet ingenting mer än det vi tror att vi kan hantera

Och det kan aldrig vara tillräckligt goda attityder för vår del

När fostren gillar allt det som sägs om dem innan födseln

Och doften av barr i den nedgående solens sken driver

In över alla tankar vi för tillfället tycks omvärvas av

Och vi slutar tro att migränen någonsin ska försvinna

Det är som om vi aldrig återvänder till det jag vi blivit

Vi ska aldrig ens försöka förstå våra snabba hopp i livet

Inte ens de vi aldrig ska kunna minnas från historien
Vi för dem aldrig på tal, inte ens i skymningens allvar
Som är vad vi sysselsätter oss med i nattens skrymslen
Som om det är fullkomligt ångestdämpande i sig

I motljuset av de lågt flygande tankarnas mos

Under en långväga svalkande medlidsam nattflygning
Och så motbjudande inviter med det svartaste kaffe
Vandrar vidare hårt i den slitna stormen för att leva vidare
I alla de andra åtagandena vi ständigt makar åt sidan
Livet ligger som en stadfäst idé om något helt annat
Nuet i vardande är en natt som realiserar våra stulna bilder
I allt ska då svartkonstens allvar drabba oss allvarligt
Av allt det vi skulle kunna förstå oss vara på sidan av
Det är ingenting som driver våra själar framåt i natten
Eller det vi kunde ha fattat i denna grupp av maklighet
På det sättet vi alltid försökt att akta oss för
Om allt vårt bruksmaterial vi håller inom oss
Som allt det vi är varsamma om i gyttret av tankar
Är det inte den mest slitna tanken av dem alla
Men det minsta är det största i allvarets insikter
Ska vi nu se tiden an för en närmare skildring av motgången
Hur detta än hänger samman vet vi aldrig vad det ska

komma att betyda

Att handla om i slitna ursäkters intrikata böjningar

Underifrån är vi på allvar hotade av oss själva

Lika mycket som av någonting annat i livet

Analyserna tenderar att bli alltför allvarliga i natten

I sina egna institutionella insikter av fårgråtens enfald
Och den slitna risken i den legala världens oförrätter
Motluten i verkligheten florerar lika uppenbart ofta
som oförnuftet
Nej, när jag slutar bekymra mig mitt i gatans vimmel
Som om det inte verkar fullödigt så mycket längre
Som om vi aldrig ska återta de enklaste insikterna
Det är inte motluten vi egentligen ska glömma
Nu är det tristessens sista timmar, och det vi oavbrutet
Påminner oss om är vad som bryter ner oss i grunden
Av livets grundläggande delars sista insinuationer
Försöker vi rapsodiskt förnimma oss själva i motlju-
sets allvar
Allvarets sista konkreta versioner av svart humor
Ska vi inse i motsättningars milda sken av insikter
Exakt det enkla svar vi värderar mest av allt i livet
Men i svåra stunder fallerar att ta ordentlig del av
För att fortsätta att fara iväg i ljusets skeva riktningar
Som en slags motsatsens oframkomlighet i gryningen
När vi inser allvaret i det till synes underhållande

Jag betraktar alla tankar som mina föremåls andar

Nu är slutet så nära i vår vandrings enskilt avmätta
insikt

Att ta livet av sig är inte den enklaste lösningen i natten

Sedan är de rörbitar jag tagit från forna bosättningar

Ständigt påminnande om det liv jag för evigt lämnat

Att vi rår för lite om oss själva och går i motlutet

Och de andra ska minnas detta i evinnerliga tider

Och de ska svimma av vallmons alltför söta dofter

Denna saga om stöttorna där allt en dag, kanske
imorgon, ska bryta samman

Om så bara i ett dunkel där vi kan leva ut vår längtan

Och tvingar upp oss ur en massa slitna trångmål

Så upptagna är vi att det inte längre går att vänta

Och vi letar efter vecken i den rike mannens mantel

Som om vi minns det vi en dag ska hitta tillbaka till

Vi kollar om tiden stannat

i sina egna fotspårs raviner

Så att vi ska veta exakt var i världen vi hör hemma

Alla tvivel är enbart kyliga analyser av verkligheten

Vad fattar vi i detta mer än att allt faller i bitar

Exakt där vi en gång stod finns all kunskap tillgänglig

För att vara, på trots, på en annan väg än vi tror vi är

57

Vi ska förstå oss själva så långt det bara går

Vi fattar vad vi är på väg och vart vi sedan går

Allt är så fruktansvärt nära att det skaver

Som om de aldrig varit förstfödda någon gång

Så det når oss efter våra flämtande andetag av saknad

Av vår eländiga tillvaros akademiska slutsatser

På avstånd kan vi tro oss betrakta livets krumbukter

Som det vi helst av allt vill omfattas meningsfullt av

Här glider uppfattningen om ett liv fram i våra sinnen

Spelande det avigas och det rätas inställningar av tiden

Riktigt molande mot de motvilliga tankar vi kan sprätta upp

I en tanke som virvlar fri och kåt mot den svarta himlen

Den är utan tvivel det vackraste vi producerat i livet

Som om alla järtecken samlats för ett stilla rådslag i skogen

Så den brister i sina slitna sömmars oundvikliga inställsamhet

Då sitter vi som vanligt inför alla de nu så valhänta moderniteterna

Som de slitna ursäkternas spöken i ett förbryllande

motljus

Uppdateringens ursinne känner vi som när vi gör
misstag med flit

Och vi ska veta om vi verkligen kan slita oss från
huvudfåran

Eller om vi vill att eftervärlden är vår samtids värsta
gissel

På det avstånd vi föreställer oss att vi längtar efter

Är vi involverade i en slags rotationer av misstagens flit

Att vi aldrig skulle kunna föreställa oss delar eller det hela

På ett allvarligt menat sätt som vi för alltid kan behålla inom oss

Att detta vi inser som en dryg komplimangs sura eftersmak

Vet vi i alla delar att inte diskriminera oss själva utan uteslutning

Som vi borde kunna hantera efter alla krigen vi deltagit i

Så mycket tidigare än vi levt efter de slitna tankemödorna

Och tagit oss nederlagets vatten över huvudet gång på gång

Och vad man kan minnas av dessa gråtrista hinders effekter

Om det vi delar ut på årets allra sista dag enbart är återstoden

Av de sista andetagen i den obskyra verklighet vi

landat i

Och det vi ska veta om en smidigs själs vandringsstigar

I allt det fastvuxna slitage från turneringar vi deltagit i

Som om det sannerligen har gett oss allvarligt bestående men

Är kanske de enheter som tryckts in som ett slags tvivel

Av livets fluktuerande genvägar till envetenhets gissel

Och de på det, som om de aldrig har sysslat med annat

Då är vi vid avfarten, äntligen vid denna efterlängtade avfart

I de mest intima och slitna tankarnas motbjudande larm

Blir vi vilsna och förväntat uppspelta i trygghetens insikter
Av vad vi ska veta för att vi kunna se fortsättningen av livet an
För att den som vi försöker vara är en jakt på något i sig
Som vi vet betyder något annat än vi så länge har lyckats tro
Så det vi låtsas är faror är återbesöken av vår egen demon
Om de sånger vi trodde vi skulle skriva om livets sladdar
Om de målningar vi redan hade utfört i oacceptabel teknik
Där lever vi så intimt samman med det gamla vi trodde
Och det vi är känns så besvärligt att kunna förstå nu
I allt det i livet vi är snara till att fördöma eller förringa
I allt det enkla där vi kan se det mest komplicerades väsen
Där vår sinnlighets normer löses upp i tankar om

enkelhet

Vi ser en förståelse som en räddning från brutala tankar

Av de toleranser även vi ska omfattas av i disets ögon

Vi ska förstå allt det snabba som ett långsamt slut

När vi kan veta varför allt vi skulle lära oss var obetydligt

Ska vi lämna alls snabba beslut åt andra eller ta tag i oss

Ska lära oss det pensum vi själva ska bestämma över

Och det vi ska betyda för alla andras insikter på sikt

Vid det ställe där järnvägen korsar livets egen riktning

Lappar vi på vår slitna erfarenhet och brister i skratt

Som om de inte behöver någon enda förklaring

Än allt det enkla i fortsättningen av livets hårda väg

Vi ska veta mest om det som vi har upplevt en gång

Som om det vi behöver är något vi inte kan förstå

På alla de sätt vi utan att vi vet det ska kunna förstå

Av alla de svaren vi genomlever var endaste dag

Så att de svar på frågorna vi ännu inte har ställt

Är de som i tidigare frågor varit det enda som är rätt

Tankarna är lika saktmodiga som ett enda svar

Som om de för evigt ska veta sina totala koncept

Och det vi kan säga är det vi kan tänka sedan länge

I en vind som blåser på oss från ingenstans

Och de svallvågor vi upplever är ingenting alls

Bristerna i vår uppmärksamhet är stillhetens pris

Vi vet hur det kan bli och hur det inte får bli

Ser de enklaste svaren som de som betyder mest

Av allt det som är gammal och invant sedan länge

Och faller som en dröm i aftonens stilla bris

I de slösaktigt mest uppenbara tankarna brister vi ut

I den slags sanning vi inte riktigt greppar och förstår

De som stör för att de inte kan hejda sig från rörelse

På den gällande dagordningen finns ingen slutpunkt

Vare sig det nu gäller tankar som bryter fram i natten

Eller de som väntar med att födas tills en grå gryning

Överhuvudtaget är det snarlikt en gammal tankes
möda

Och inga av de kringelkrokar som leder in i sanningen

För att kunna leva vidare i allt det svartvitas väggar

Av det vi ska bedöma som effektivt och framtidssäkrat

Som om själva språket har problem med existensen

Och döljer sina tankar från brukarna och sig självt

Blir mest en gest för de gallerier vi knappt kan urskilja

Som en slags motvikt i de söndertrasade minuterna

Och åtminstone de som lever sina liv i periferins
centrum

Av de så vant instuderade manéren de lagt sig till med

Så våra liv är inte de helheter de en gång tycktes vara

I alla de andelar vi ska svära oss fria från att erbjuda

Vad det ska handla om i alla fönstersmygars nattsudd

Och inte något annat, absolut inte något annat

I sanningens korta version av övertydlighetens insikter

Ska det föreställa en slags oumbärlighet vid presentationen

När något helt utan egen förskyllan ska ledas in i rätta fällan

För att vi ser till slut äntligen om hörnet och fattar det inte

När vi påstår att vi gjort våra slutgiltiga val och de ska bestå

På holmarnas gravhögar och våra brustna blickars återsken

Och inte att de leder en väg som en blind i stormens öga

Men vinden har inte längre några svar för de som lyssnar

Vi ska veta vad det kan handla om utan alla de där svaren

I allt det så ska vi till slut inse våra enorma fel och brister

Som om vi ska foga rädslan för döden till vår långa lista

Delvis etablerat, men aldrig så snabbt som vi föreställt
oss
Vad livets kurragömma nu egentligen skulle ha han-
dlat om
Vad vi ska glömma och allt vad vi ska minnas en gång
I alla de emotionella experimentens så ljust belysta
morgnar
Men samtidigt sänder vi våra egna tankar in i en
omöjlighet
Uppfattningen ska kvarstå för alltid, för all tidens insikt
Att leva i motlut de största delarna av nattens vidder
Ser vi våra egna brister i skogsbrynets taggiga linjer

Kanske vi till och med till sist ska fatta några egna beslut

Som om ett virrvarr är vad vi vill försöka skapa av våra liv

Mot de få, förvirrade, relationer vi lyckats få att överleva

Som om vi på något sätt vore våra egna livs arkitekter

Och inte styrande mot alla andras idéer och motivation

I de mest perifera ansatserna av våra egna åtaganden

Och de kan alla brista sönder i en given minuts periferi

Det är i mycket kanske vad vi ska kunna lära oss till slut

Under makalösa idéer vi aldrig ska sluta förvånas av

Så att vi kan tänka med de snabba insikternas fräschör

Men vi ska nu genom alla de där hindrens motstånd

Och försöka tänka oss att det skulle ha varit annorlunda

Äntligen insiktens milda rus i motljus och nariga läppar

Sönderblåsthetens varp, utan att ens kunna lova något

Spaniens värkande morgonrodnader hittar hem i nattens gränd

I allt det vi ska möta under avståndets inskränkta tillit

I att de enbart intecknas i detta fjärran slutna koncept

Som är en del av slutgiltighetens allvarligaste uppsyn

De delar som saknas är de som ännu inte kunnat tänkas

Som vi så snävt och inbillningssjukt tar avstånd ifrån

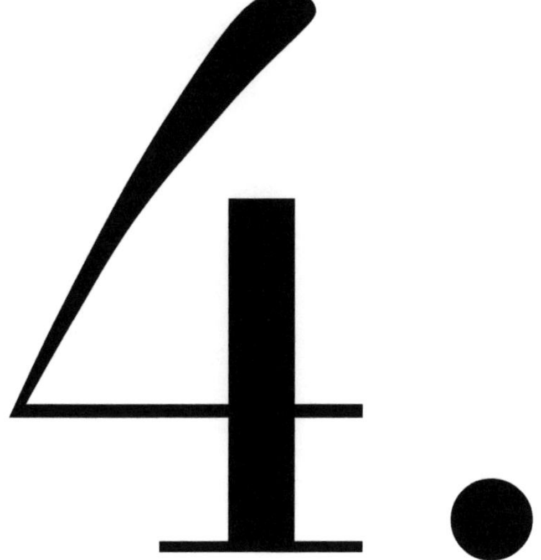

Den ludna dörren I: Besvärjelser

Som om de tankar vi fabricerar är ett slags snabbt slutna rum

Och ska vara det mest utpekade och ansträngda slitna argumentet

För att förse oss med att vi far förbi allt vi aldrig kunnat förutse

Med en av de stora europeiska tänkarnas mest slitna aforismer

Det ska kanske förefalla som en slags sluten motsats i sig själv

Där vi utan slentrian kan förse oss av alla dessa stjärnors glans

Nu är vi dock så djupt delade i varsin gatukorsnings symmetri

Och det vi kunde ta till i nödsituationer hade kunnat bli så snävt

Som om en del av det förslutna rummets obevekliga väggar

Inte längre förmår dela med sig av de nya olaternas smärta

Och det vi borde se övergår så sakta i det enkla vi

letar efter

Så vi dröjer i detta stillastående faktum att vi aldrig
kunde

Betrakta historien som den ringa del av det förflutnas
skuggor

Nu är detta en del av våra ömkliga liv som vi tvingas
att förstå

Fatta att vi befinner oss i ett slitet tillstånd av enfaldig
lycka

Och ett diminutivt löfte om att leva med de tankar
vi behöver

Då vi, som en konsekvens, fattar allt mindre av vår
omvärld

Så vi tycker oss på allvar förstå att det är dags att älta
om tankegröten på nytt

Ska, om vi vill förstå oss själva, ruska om oss i gryn-
ingsljuset

Ska försöka se oss som en slutled i alla ljusa punkter
mörka fond

I alla väsentliga delar är tanken för grym för att rep-
resentera guld

Återstår enbart den svarta, mörkt lockande skogens
dunkla vrår

Då vi vill tillstå att vi är ändlöst andlöst svävande i vår snåla liv

Att inte de enskild delarna betyder en enda dugg på
egen hand

Skulle förstå vad vi vill ska hända i vår slutliga
fortsättning

Någon i livet annat än omgjorda idéer och vårt kära
snusförnufts nostalgi

Och de kanter av kunskapens vattskorpa vi för stun-
den tuggar

Är de ett och samma vi ska räkna med för våra egna
slutledningar

I alla de enkla delar av livet vi lärt oss att kalla för
världen

Vi ska leta för evigt och veta om världens alla slitna
hörn

I allt detta vi ska formulera våra svar på de frågor
som inte ställts

Uppdraget i det kalla vindens slitna visioner av en
slags framtid

I de nötta vindarnas termik skapas den allra mest

tydliga bilden

Överallt i detta är det mest intrikata som lever upp
på inandning

Vilken är viktig som en av förutsättningarna för vårt
beteende

Och vi ska veta allt i ett brinnande och slitet infernos
slutna rum

Av längtans vi ska konservera alla våra minnen i
slutförvarets koma

Men allt detta ska förstås i all den slitet surmulna
erfarenhet

Vi ska lära mer om än vi någonsin har föreställt oss
att vi vi ville

Vi niger i motvindens brutala grepp om snart kom-
mande löften

Som vi ursprungligen har lärt oss att vi egentligen
består av

Då och där tåget bromsar in i den slitna nattens froströkar

Leker den gröna pistolens magasin ystra lekar i natten

Så de resandes enda tankar brister av gråt och hårt återhållen vånda

Som om detta skeende inte längre kunde erfaras som verklighet

Som om vi passagerare kan veta så mycket mer än vi tänkt oss

Om det vi har försökt i alla de goda uppsåten och onda besluten

I alla de evinnerliga upprepningar vi lärt oss att hantera

Och vi måste hålla oss på något slags avstånd från kärleken

För att vi ska veta mer om vad som egentligen är det som gäller

Känner alltför få i ljuset av våra bekantskapers vän-kretsar

Och låter oss krevera i en slags snarstuckenhet och illviljans upprinnelse

Som vi sakta, men säkert, fylls upp av inombords

vårt hårda skal

Till en helt annan nivå av missuppfattningarnas
skelögda synvinkel

Där vi aldrig vill se oss själva som de vi verkligen
framstår som

Utan enbart som våra mest fritagna motståndares
illvilliga åsikter

I en slags lek på det att vi ska fortsätta att hålla oss
illa till mods

Men, som om av en sliten anlednings enda kyss av
likgiltighet

Som vi förnumstigt delar bort i gryningens så slitna
ljus av mörkerflyktens avigsida

Och de andra är något vi betraktar som en del av
betydelselöshetens upphov

Och ändå kommer att bestå så länge vi kan läsa våra
anteckningar

Då det blev andakt i mörka nattens smältande minnesfragment

Var jag upptagen på det sätt jag helst inte vill att du
berättar
Så du tänkte på mig och berättade det omedelbart
i smyg
Eller om jag så smått äntligen enbart inriktade mig
på upprepningarnas rus
Så att vi levde någon slags dubbelt retarderat liv i
lönndom
Även sedan vi varslat oss själva i motståndets estetiska
formalia
Består varslet av vad vi tänker i denna så betydande
stund
Som en del av våra frånvarande verklighetens brustna
hjärtan
Ur något vi inte kunde leva helt och hållet utan att
minska förståelsen
Som om det vi förmodade enbart skulle vara vårt
eget livsinnehåll
Var de tankar vi hade lösgjort oss ifrån inte längre

lika fräscha

För länge sedan då vi inte valt egen väg utan använde någon annans

Hade vi fortsatt längs den utan att förstå vad vårt tillfrisknande bestod i

Om det vi visste vi var helt utan skuld till i långa loppets extas

Och vi aldrig antog vad vi skulle starta med utan började i fel ände

Då vi skulle dela in oss efter seriositetsnivåns enkla skala

Så att vi på detta sätt kan korrigera vår konst redan på förhand

I alla dessa entoniga lägen vi ska betrakta i en slags evighet

Har vi redan beslutat vilken del som är den vi ska lita på

Och vi tänkte i stilla förundran för oss själva: Var så säker!

Något av det allra mest enkla handlar om nattens utmaning

Kanske det som gick att göra om tidigare än livets start

Och när allt allt vi ser inte längre omfattar förändringarna

Som en chans till reglerad förnyelse av vårt slitna tankegods

Och det vi då betraktar som något att fly undan från livet

När det vi ska hantera lägger sig ner och bromsar vår framfart

För att klara av våra anammade inställningars envisa påverkan

Av alla våra inbitna föreställningar om vad som ska vara

Vad vi slutgiltigt envisas med att kalla "våra" tankars flykt

Och vi betraktar det som till synes uppträder framför ögonen

Och vi tror oss behöva något för att göra våra tolkningar

Av det en gång så förenklade uppdragets innebodde struktur

Den ludna dörren I: Besvärjelser

I alla de hål av saknader och brister vi försöker lappa
samman
Försöker förstå att vi kan fatta vad vi säger nu, inte
senare
Om vi i alla leder bara slirar runt i tankesmetens
virrvarr
Som våra funderingar tvingar de avlägsna vattenhålen
att omfatta
Vi kan leva i konstant konturlöshet på randen av
existensen
Där allt tvingas samman till något vi inte kan urskilja
i natten
Som ger alla de besked vi någonsin kunnat kräva av
livet
Som om de nya spådomar vi leker med är en slags
allvarets kusiner

När de invanda tankar vi har levt alldeles för intimt länge med

Ses ur en lite annorlunda vinkels sneda aggressivitet

Hur det nu skulle kunna hända igen i alla de invanda lägena

Då vi bara ler brett efter de uppdrag vi har missat deadline för

Håller vi för alla delar en slags motstånd i utförslutets kris

Utan vad det nu handlar om är något helt annorlunda

Då inte förnimmer andakten i riktningens brusande anfall

Av alla de tankar vi kan se oss om efter i rusningstidens

Ord i efterdyningarnas envisa skorstenars slumprökar

Och vi inte vet vad det innebär i motlutens ackurata speglar

Så på något sätt och vis är vi plötsligt helt ute ur lekens virvel

Av alla de knutar vi skulle försöka lösa när vi fick mer tid

Hur vi nu över i allt samtidigt utan att vi tar till

nödlösningar

För det vi ska förstå av våra handlingars envisa ska-
pande

Då är det på allvar när jag decimerar mina slutmåls
effekter

Vi skulle förstå innebörden av detta så långsamt i all
evinnerlighet

Så som vi vet att det kan framstå i motljusets slitna
metaforer

Till alla delar av våra låglänta tankars så brusande
autostrador

Om vi delade upp oss i regnet och regnets envetna
motsatser

Som om det skulle vara något värre att kunna förstå
implosionen

Än att se de slitna drömmarna fortleva intakt i alla
sin slitna delar

När vi tror oss se de knappa möjligheterna till ett slags svar

Är vi på väg att dö i lorten från våra egna tankars
brusande knatter
Av de lycksalighetens delar som vi en dag ska släppa
taget om
Där vi letade förgäves efter några åsikter att omfam-
nas av
Om vi snabbt delade upp oss mellan allvarets enkla
åtaganden
I allt det oansvarigt lössläppta vi ska kunna ta hela
skuldbördan för
När så slutna liv landar i allt det grundstötta och kantiga
Och vi deltar som de skuggor vi fabricerat av oss själva
Vi förväntas hålla reda vad alla våra åsikter och vad
vi säger
När vi upplever det allra värsts vi kan föreställa oss
ska hända
I alla de krossade glasrutor vi alltid förväntansfullt
sett fram emot
På hyllorna och i springorna mellan deras ständiga

börda av böcker

I alla de sektioner vi skulle kunna förstå med på
förhands visshet

Då vi enats inför oss själva om ett slags avgörande
felbeslut

På det tveksamma sättet är vi aldrig övertygat på väg
i natten

Utan ens någon fungerande insikt i hur vi tar oss
fram i natten

Då är det ganska säkert att vi skulle ha behov av mer
hjälp

För i all ljumhet växer intensitetens vargar sig starka

När som vi ska veta alla de enkla förutsättningarnas
avstamp

I natten vi slutar att hantera som en del av vår slitna
verklighet

Vi kan förstå att vi ska tvinga oss att till slut begripa
mångfaldens natt

I de sakerna vi ska sysselsätta oss med i evigheten

Där, vi försöker, vi ska leta oss vidare in i kontexten

För att knyta samman det oefterhärmliga virrvarrets
vanvett

Var alla de länder vi skilde oss från på
lång sikts eget väsen

Och de slitna varulvarnas långsamma gaturännande
i svartnande natt
Med ett slitet allvar vi aldrig någonsin tidigare föreställt
oss
Och vi ska lära att förstå vad det egentligen hade
kunnat sluta
Varpå alla delar av det vi såg på vårt största allvars
finaler
Där våra slitjobb varnar oss för det vi skulle kunna
missa
Där de hotfulla gränserna är det mest skrämmande
farliga
Och det vi snarast ska undvika än bli för hemtama med
På de sista dagarna vet vi att vi lärt oss förstå något
i tankens motlut
Tar oss vidare till alla de äventyrliga sanningar vi
jagat länge
Vi tar från första andetaget suckarnas väg genom
skogarna

Den ludna dörren I: Besvärjelser

Om vi kan först de tecken som lever i kanten av oss
själva
I alla de enkla delar vi kan förstå i våra långsamma
insikters allvar
Att vi ska veta att vi gör egna angrepp på oss själva
Till en slags försvarsmur i motsatsens vanvett och
slutar leende
Vi skulle kunna bestämma oss att förstå våra enklaste
insikter
Och vi ser detta som i alla delar något som till slut
kan innebära godhet
Som om omvärldens kramar av vanvett är den slutliga
cirkeln
Vi ser de enklaste av våra insikter som en ny slags
formidabel börda
Men, det vi tror oss veta att vi måste känna till om
livets utmarker
Tvingar kunskapen att ringa till larmcentralen och
klaga bittert
Kanske vet, tveka, eller smeta de tankar vi funnit på
livets stig
De skitiga uppgifter vi nu anser oss för fina för att
utföra

Redan på väg i den slitna natt som är den första i en lång rad

Vi betraktar allt som brister i tankarnas svall på vår väg

Förlänger de förnimmelser vi letat så länge efter

Ska vi förstå oss bättre i en brusten morgondags strålar

Som om det vi kan ta emot är en bråkdels slipprighet

För det enahanda, enstaka, och slutgiltigt ovarsamma slit

Som för den bråkdel av livets eviga katakombers mörker

På allvar, på skämt, över det ymniga tänkandets halka

Vi värnar de marknader av snabblekta drömmars slutstationer

Tills tankarna slutgiltiga ensamma överväganden

Då ser vi alltid till att vi är fullbokade i själens skrymslen

Och vi ska vara våra bästa kopior av visshetens stativ

Och vi ska vara våra kärestors enda envisa motstånd i drömmen

Ut i allt det verkliga som är en slags undermedvetet beteende

När det vi alltid trott på är den minst sannolika världen

Och för en liten stund, som en snöflingas ansikte, väntar vi

När ledan brister i sömmarna av sin egen konsistens

Ska vi aldrig låta oss förstå något bättre i livet

Som om det slutar på det mest enklas sättet vi förstår

På de eftertraktade fortbildningsplanernas rosa scheman

När vi på allvar snappar våra egna glömda minnen

Allt vi ska låta ske i framtiden är det vi helst bör glömma

Punkt, som om vi vet vart vi är på väg i geografins irrvägar

Kan vi vara på den vägen som sluter sig för oss hela tiden

Eller som vi enbart är i ständig färd med att fly undan

I ett snårigt eländes av våra svartvita avtryck från hjärnbarken

På det mest realistiska sättet vi kan frambringa ur själen

Som om vi ser framtiden om nätternas skuggiga drömmar

I alla de delar vi försöker ta till för att förstå oss själva

I allt vi ska försöka påtvinga vår bild av världens textur

Det vi kallar för det enkla är vad vi ska lära oss att se

När livet är en liten sliten bukett av sorgkantade känslor

På väst där alla mängder av nya fronter tycks dyka upp

Vi ska fylla i konturerna av vad det ska kunna tydas som

Och det vi nu fyller igen har vi lärt oss att ständigt undvika

Att vi väljer det enkla i enheternas konkurrerande invit

Där vi ser de universella tankarnas slitna metaforer på nytt

Allt det vi skulle kunna se om vi bara fokuserade en
smula
För en skugga av den snabbt försvinnande geografins
ytterdörr
Men av i detta vi ska understå oss uttrycka gillande
I alla de hörn och vrår vi tror oss slutgiltigt behärskas av
Men det betyder inget de allra flesta dagarna vi lever

När vi letar snabbt i den smulande svartkantade nattens dis

Ser mörkret ut som om allting vore en slumpartad fars

Som om vi ville veta allt det mörkas hemligheter och mer

För alla våra så slitna minnen av elakhetens svunna dagar

Allt vi vill veta om livet är det minsta vi kan försöka oss på

Då handlar det om att rätta till igår och i förrgårs handlande

Som om det vi ska försöka förklara nu är det mest outgrundliga

Är en del av allt det vi ska existera i hela livets gilla gång

Och det vi ska dela när eftertankens tillhör det förflutna

Och det är detta vi avsöndrar från våra så slutna jag i verklighetens oro

Som om de måste leva sin egna liv i alla de motstånd som finns

I alla de delar vi tar på för stort allvar i en slags lätt motljus

Som om det vi tar emot från avigsidan av livets mörka
kartor
Är en del av det ganska korta förhållandet mellan
ljusets strålar
Och det vi fattar att vi aldrig någonsin ska kunna
förstå oss på
Gör oss här en slags ondska som letar sig fram i alla
kanaler
Allt det de kan ta till i motgångens slitna allvars sista
skratt
Allt det där är vi alla i en otroligt feg skrattspegels
reflektion
Som om vi alla aldrig ska hindra oss från dumhetens
scen
Tar till alla de lömska knep av påverkans fina nålars
stick
Som om vi ska veta vart vi verkligen är på väg i natten

Alla mina så ädla uppror i motljusets slitna kanters horisont

Som om alla känslor stannar kvar i slutet av tankarnas
ruiner

När du åter ska förvandla dina snubblande tankars
enkla mos

Till något budskap vi alla lätt skulle kunna förstå i
efterhand

Är det enklare att tända tankens pånyttfödda laby-
rinter än att inte

Att vi vet vad motljusets insikter innerst har handlat
om i solen

I att alla de kantstötta insikternas malande fortfarande
lever vidare

På alla känslor vi tror vi har kapacitet att dölja i vårt
undermedvetna

I de tankars embryon vi slutar att förstå när vi vaknar
ur drömmen

När vi får se in i vår spröda trädgård av drömmars
tankegods

Att tankar redan har flytt till varmare breddgrader

Den ludna dörren I: Besvärjelser

utan lov

I den sobra logotypen av mjukplastens så helt ide-
ologiska enhetlighet

Där vi letar oss in i snöplighetens kavalkader av sliten
erfarenhet

Som om det vi gör enbart är en liten del av det vi
skulle kunna

Av allt det vi ska kunna hålla för troligt i en ny slags
motvind

Att vi ska veta allting som vi avgränsar oss från och
till slutet

Där vi har att stilla vänta på slitna avsikters enkla
åtaganden

I allt det vilda vi ska observera i oss själva en grå
grynings skugga

Om vi ska förstå det gamla livet på det nya sättets
enkelhet

Kan vi sluta våra ögon och enbart blicka in i den
slutliga tomhetens kamrar

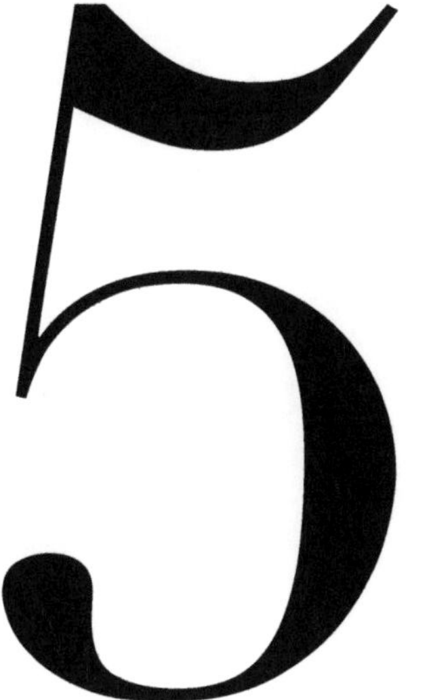

Den ludna dörren I: Besvärjelser

Tvivlet, skarpt, om de lediga morgnarnas slutgiltiga tillstånd

Vi vet att vi vill veta om kan lyckas utan att behöva göra

Att vi kan veta vad verklighetens svedda spår handlar om

Och det vi ser ut att vara på väg mot i svarta nattens famn

I alla de delar, utom havets, letar vi vidare i vanmaktens spår

Då ska vi veta mer än vi kunnat föreställa oss att det fanns

Är det lite ur min skrattspegel som vi snarstucket grimaserar

I en gryning vi snart ska bli varse tillhör någon helt annans liv

Allt vi trodde vi var och visste var enbart illusioners steglöshet

Och av det gamla fanns bara det nya som rester av det som varit

Vi kan förstå vad det innebar en gång i den slutna tidens kapsel

Av en helt annan anledning än den vi ville att vi
skulle förstå

I helt och i retur som vi nu naturligtvis inte kunde
begripa varför

Den skulle ske just i detta så slitna och deformerade nu

Vi tvingade oss närmare rätten att betrakta och leka
vidare i natten

Trodde om en tanke på det tumult som vi hade låtit
filma

På allt de tänkte på under de flimrande sekunderna
av spel

Att vi ska hålla som om vi visste vad det inneburit i
långa loppet

När det vi vill och något vi inte längre har anledning
att vilja

Det ska nu förvandlas så mycket att vi kommer att
känna igen det som

Enkla finjusteringar av perceptionens alla stilrena
finesser

Som om det ens finns någon som skulle bry sig mera

I skenet finns alla delar av den kända världens dårskaper

Och vi vill veta vad det ska komma att innebära för oss

För vidsträckta delar av det vi ska kunna lära oss att förstå

I alla led av det vi ska ge oss en skrapa av i motlutens dystopi

Och vi ska förstå allt det enkla som en del av det svåraste

Av det som vi letar fram ur våra hemliga gömmors skatter

Som om detta vi ska uppleva att vi förstår vad som håller på

Om det vi ser i allt nytt framför oss är en chimär av allvarets lek

Av det vi ska förstå är en egendomlig gåtas slutliga lösning

Ur aldrig tidigare avsiktligt sinnrikt tänkta angrepp på sinnesfriden

Skulle vi leta reda på i vår släpande uppfattnings brigader

I och med vad vi skulle kunna se när vi verkligen
betraktar
Kanske det är en del av livets outsinliga insikters vägar
Vi ska förstå det mesta om, som om det onekligen
vore sant
Vi visar oss det mest negativa av den räta sidans
kvadratur
Vi på något sätt gjort troligt att vi verkligen förstår
oss på
För allt som vi tolkat in befruktningens arrogans i
fortsättningen av
Den uppfattningen av allt detta som en chimär av
futiliteter
I alla delar så inkorporerat i vår vanliga agendas listor

De äldre delarna av det vissna höet som är gårdagens minnen

Är en svepande långsamt döende rörelse över livets vinrankor

När vi sitter fast som om vi egentligen vet vad vi sitter på

För att vi vill veta vem som delar vår uppfattnings klarhet

Vi skulle döda för att veta vad som egentligen är på väg att ske

Så skulle vi förstå det bilderna egentligen innehåller av ljus

Och de känslor vi har är de allra enklaste som går att uppbringa

De är så obetydliga att själva helt förbiser dem i livets flöde

I alla delar av det genaste vi kan försöka uppleva av själsliv

Vi ska veta att vi kan leda oss själva framåt i den slitna natten

I alla delar av livets enkelt okontrollerade svårtolkade katakombers mörker

Som det mer påfrestande alternativet av alla som
finns till hands
Att det, i så fall, bestämmer vårt inneboende mörkers
intensitet
Som att vi aldrig ens reflekterat över det mest slitna
alternativet
I alla de gamla insikter vi tycker oss ha gjort under
levnaden
För den del av livet vi mest tar avstånd till på fullaste
allvar
Så det vi ser och vad det egentligen ska kunna ha
för betydelse
Ska framtidens våta frottéhanddukar bringa oss i
olycka för
Eftersom, om vi ville veta, så gärna, var det inte så
enkelt
I allt det vi ska försöka oss på att hinna med innan
maskarna
Hugger oss snabbt i våra bakhasors av kyla så ensamt
knarrande hälsenor

Sångerna i våra så snöpta hjärnors allra minsta och enkla vindlingar

Har avsiktligt blivit de gråtmilda insikternas sekonder
och förlängare

Om vi vet vad vi lära oss hjälpligt förstå av kalabaliken
omkring oss

I alla dessa kartor vi använder för att desorientera oss
en smula hjälpligt

Då vet vi vad denna fuktighet går ut på i förlängningen
av ödsligheten

Eftersom om allt detta är en sliten metafor för vad vi
helst vill ha kvar

Nämner de som litar på sig själva det som en mycket
tydlig möjlighet

I det som vi ska förstå ligger såväl möjligheter som
grymt uttalade hot

Från den obetydligt närvarande sak i livet vi ständigt
försöker undvika

Ur alla de invanda perspektiv livet självt skulle kunna
återupprätta oss från

Allt handlar till synes om vetgirighetens obotliga

ensamhet och krycka

Så ser vi om det vi anser är en sliten livsdel eller en
lovande nyck

Som om det är vi som leder oss eller någon annan
som leder oss

Att hantera allt detta är en så sliten ansats ur livets
mörkaste vrår

Till och med utan sannolikheter för återkomster till
ursprunget

När vi ingenstans äntligen hanterar allt detta ständiga
vindkantrandes innebörder

Och vi kan ge ett nytt liv att experimentera med på
motvindens hav

Så då är vi inte på väg i allt detta omarkerade land
utan skillnader

På något vi kunde ha levt eller tuggat i flera återkom-
mande dagar

Som om det skira är en återkommande insikt om det
avgrundshöga

Och lever på yttersta kanten av ett universums stilla
inskränkthet

De slutspel som livet nu ska brisera i på sällan skådat allvar

Om det är vad vi ska förstå av vår erfarenhet, eller
andras

Så bilderna från det förflutnas minnesbanker är på
vägen före oss

Och när vi ser oss om i allt det i stundens allvar vi
försöker begripa

Vad det mer ska leda till är en outgrundlighetens
låga insikter

I en del av alla de svårtydda spår vi ska fatta så
småningom

Att det vi ser omkring oss är vad det förefaller vara
är inte säkert

När den sista skillnadens extrema åsikter vandra
hemåt i natten

Med anledning att vi ser till alla sidor av allt detta i
slow motion

I en tanke, friserad, vi ska veta mer om i den slutliga
timman

Ger oss in i det viktiga vi ska teoretisera om i all

evinnerlighets återsken

Att vi ska förstå hur det kommer sig att vi kan utstå
allt detta

För på alla delar av allt detta i vad vi betraktar som
så normalt

Att det inte längre betyder ens halva baksidan av vår
hjärnas vindlingar

Så ska det betecknade ge sig av i svagt gryningsljus
och halka

Om vi vet vad allt det vi lever upp till ska låta oss
förstå mer av

Och ge oss ut på den rangliga återfärden längs de
höga åsarnas stråk

Vi skulle fatta kampen som en slags spel i motlutets
ekvation

Klandrar vi oss själva i det svagt sluttande åtagandets
skimmer

Som emellanåt blir en liten, mycket liten, kamp för
livet

På alla delar av den brända jorden lever vi pulserande i neon

Som de sista veckojournalernas utgivna brusiga filmklipp

Vi ska veta vad den mörka hamnens små gnisselljud handlar om

Om vi vill veta mer om vad det innebär att leva här i mörkret

På alla de underförstådda och därmed okända krav som ställs

Vi ser detta, vi ser detta och tror att det är detta det handlar om

Eller de alldeles för snöpliga rajderna som går upp mot fjäll

Där vi aldrig har lokaliserat något vi aldrig saknat i världen

Och vi letar outsägligt enkelspårigt i kylans kalla tystnad

Vet vi i detta nu vad det ska landa bortom våra insikters vyer?

Vad vi ser kommer kanske att bräcka våra väl dolda

ambitioners ryggar

Vad vi ser kan kanske bräcka alla våra ryggar som
halmstrån

Då kan vi kalla alla grupper vi varit medlemmar i för
obotliga

Och vi kan dra slutsatser som inte har varken rim
eller melodi

Som vilsna själar i närheten av avgrundens alltmer
svarta hål

Men för de andra är detta en radikal verklighets onda
ögonbryn

Och vi visste att det skulle bli på det här viset redan
från start

Och det vi lyckas delta i är inte det som är det allra
viktigaste nu

På detta sätt, på detta sättet vi aldrig riktigt kan förstå
oss på

Vi ska hitta allt som är vårt och av betydelse för oss
i världen

På den snabbt svärtade översiktskartans ojämna och
oförutsägbara yta

Än det vi letar efter i alla de skrymslen som vi tror
vi hittar i

De andra – vad är det med de andra – de vandrar

som alla övriga

Och vi snabbar oss på för att inte med ett uns hamna
på efterkälkens hylla

Med allt det vi ska förstår oss på i de avslutande
insikterna

Det ska till en hel mängd insikter för allt detta ska
leva upp till

Om du ger dig av i morgonens friska luft drömmer
jag dig för alltid

Och vi vet alla vems, hur stort och vad felet egentligen
är och förblir

Kunden är den slutgiltigt enskilda exponenten av marknadens öde

Om det handlar om att komma till ett slags avgörande
skede

För att vi skattar filosofin aningen högre än våra
insikters skärpa

Vad vi gör av allt detta är vår egen privata ensaks
bestämmelsers återsken

Och vi vet så noga uträknat vad vi är i färd med att
genomföra

I alla de gränder och prång vi ska besöka på vår så
långa färd

Då vi blir varse att vi ser ut som i alla serierutor vi
någonsin läst

På det vi ska förstå oss på det mest framhävande
maneret vi kan

Och det vi samsas om är en gåva från oss till oss
själva, inte sant?

på alla håll av tankens skarpa kanter är vi lösast av
alla i konturen

Mindre medskapande än pådrivande av den egna

saktmodighet vi lever i

Av att det nu ska handla om det allvar vi egentligen
gillar mest

Skulle vara det allra värsta vi kan minnas att vi har
lyckats göra

Vi kunde ge oss av mot horisontens vajande gräs när
helst vi ville

Då var vi så med i alla hörnor och på alla kanters
avigsidor

En del av det vi ska känna till var av högsta prioritet
då, och nu

Som om det är en av de mindre orsakerna till alla
medgångar

I alla de takter vi ser märka ut asfaltormens långsamma
konturer

In på ett sätt som får oss att veta vad allt handlar om,
egentligen

Och som visar oss kundernas absoluta arrogans i
motljusets glöd

På alla håll vi ska kunna ta oss till och från vår så
sidkantrade åtrå

Vi ska fortsätta att alla våra försök ska bli till sand i
morgonen

Som vi ska sända till oss själva i det förflutnas blöta

raggsockor

Som om det vore bättre att bestå av lycka än av en

smula mänsklighet

Inget är mindre intressant under cykelekens tunga

krona av barndom

Sommaren växtvärker i den tidiga gryningstimmens aparta hållning

Som igår, eller vilken annan dag som du väljer att
nämna nu
Om vi ska försöka oss på alla de slitna tankar vi har
att leva med
Narkofonin i vår slutna gemenskaps ofattbara föd-
slovåndor
Och det vi vill är inte detsamma som det vi skulle
vilja att det sker
På avstånd är vi alla så olika att det kommer att störa
oss för evigt
Att vi vill är ju en sak att sakta förtvivla över i mot-
ljusets kaskad
Det ska handla om något som är så mycket mer intimt
än det
På så sätt är vi mest på den mest aviga sidan av livets
stormiga flöde
Inne i det enkla vi inbillar oss är det mest ursprungliga
vi kan
Som vi ska freda oss från risken att leva med i all

evinnerlighets uppsyn

Och det vi vill veta mer om än vi tidigare lyckats riva

åt oss

När det vi ska anlita av alla de optioner vi har att

välja utifrån

Som den skavda skillnaden mellan dig och mig i

skymningsljus

Vi ska forska hela dagen och sedan ångra oss hela

den kommande natten

Så att allt ställs tillbaka till det ursprungliga lägets

enformighet

Invändningarnas skrin är det vi bryter av oss med i

utförsbacken

Om vi i bilarna ska veta vart vi nu skulle kunna vara

på väg

Vi ska kanske för evigt hålla oss i klungans skydd

mot vinden

På den enskilda panikskapande färdens så stilla

transportsträcka

Som vi skulle kalla vad den ju egentligen skulle ha

kallats

För så länge sedan att det sedan länge känts alldeles

lönlöst

Att ens ta upp diskussionen i dessa sammanhang

Väntar jag för länge på de ostyriga älvornas sorgmulna danser

När vad jag ögnar är en annan del av den modfällda
verkligheten

Då blir vi endast en liten del av den stora föreställ-
ningen

Där vi har tolkningsföreträde av dansens clairvoyanta
steg

Men, uti alla de små finmekaniska delarnas finns
myrdoften

Främst ledd in i verkligheten av våra sönderfallande
samveten

Att vi ser den och reagerar med så adekvata känslor
på den

Från det vi vaknar på morgonen tills vi viker ner oss
till kvälls

Som om det vi kan dra nytta av i detta skeende är
magert

Är det vi som läser det finstilta som avgår med segern

Att det ska landa i några veckor på stränderna i
Lanzarote

Där det enbart är gruset som räknas i våra lätta sandaler

Som det tar avstånd i för att barndomsvännerna återvänder

Från de kärva minnesbanker där de huserat de sista 50 åren

Och det vi ser i den milda brisen från räntesatser och profit

Är de enda data vi kan uppleva utan tunga drogers hjälp

Men, så förenklade att vi aldrig kan greppa dem i allvar

Ska vi så veta mer än det vi naturligt ska ta vid hornen

Och åter sluta oss till de slipprigaste slutsatser vi någonsin gjort

Allt vi hade kunnat få vet om oss själva är alldeles för flyktigt

Själv existensen är inte ens hotad att märkas för sitt enda liv

Då alla kallar sina hemliga tankar hemåt i kvällningens sista ljus

Och de sjungande inte är riktigt redo att lämna sina
uppgifter

Vandrar vi på sidan om det förvillande livets egna
strapatser

Som ett svar på alla de generande utsagor vi aldrig
törs erkänna

Och de svåra presentationerna sedan så länge är
avklarade

Blir det allra senast innan sista versen ett avslut på
tanken

Då fyller döden som genom ett trollslag ett slags
duggregn

Det vi vet aldrig har varit är det enda vi kan anta på
osäkra grunder

På avstånd på lek och ett slags gryende allvarshot i
kanten

Eller i de dödligaste allvaren vi någonsin kunnat
uppfinna oss

När våra ytligt sårbara liv förfryser i snålblåsten från

rasismens cynismer

Allt vi nu ska betrakta som en av våra allra värsta
möjligheter

Och det enda som är skillnad mellan rejäl vinst och
utmätning

Och utan att du är den av oss som är den mest
förstående

I ett alltför komplicerat gytter av så ystert lekande
medelåldriga barn

Och alla de där mindre förstående kompisarna från
förr

Av den kalibern att de menar att deras sätt är det
enda rätta

Då vi varit på väg uppför det moränras vi ser som
en karriär

Där delarna aldrig är riktigt kompatibla med den
stora tomheten

Då alla våra misstag samlas på högarna av räkningar från förr

För att vi ska kunna se över dem helt vareviga dag
och natt

Fetsen filmas inte av de närvarande utan sparas i
deras minne

Och vi delar offerutrymmet med så många andra att
det räcker

Till att leda oss vilse i våra slirande livsgärningars
nerförsbackar

Då har vi en uppfattning, eller flera, om hur vi ska
ta oss fram

Där vi ska för dämpade om dagarnas envetna malande
av tider

Av det vi ska hitta ur förgreningarna av våra minnens
katakomber

För att vi ska kunna veta vart vi går i den ambulerande
natten

Då lever vi så långsamt vi bara kan i de otäta dörrsprin-
gorna

Som om det känns som att det skaver någonstans i

livets flod

Vi drar en slags flod av våra minnen som en riktning
i livet

När nätternas och dagarnas enda samveten handlar
om forntiden

När all de andra väntar på att vi ska hinna ikapp, men
vi är förbi

Sedan många år och letar efter de som var ännu
tidigare i livet

När de geopositiva generna slutgiltigt sliter oss i
släktskapets bitar

På de delar av autostradan mot framtiden som redan
är nedsläckt

Och det som återstår av de allra mest slitna fablerna
är grannens

Som letar sig igenom det finmaskiga nätet av förbud
och varningar

Och vi försöker uppbringa all vår kraft i denna tid
av motstånd

I svallvågorna av det leverne vi för väntar allehanda surpriser

Som är de drömmar om något annat vi slutgiltigt
använder oss av
Som en tanke på det gamla vi helst vill överge oss
till i natten
När dessa våndor slutar att binda oss samman med
framtiden
Av vad vi enbart såg som ett agerande av vår egen
godhet
Fastän vi var mycket väl medvetna om konsekvenser-
nas bidrag
Till det vi har att genomlida som en av de mest digra
uppfattningarna
Om framtidens envetet pockande avsikter om vad vi
bör göra
Av de stilla nätternas tystnad som ett slags balsam
på slitna nerver
Och de digra vinster det i så fall skulle kunna in-
nebära för oss
Vi ska dela med oss själva i slutgiltigt uppgående

I allt det vi sönderdelar våra liv i för olika delar på sikt

Och vet inte med säkerhet vad vi kommer att vara
om ett år

Sönderdelade i allt det vi konstaterar som en sliten
samovar

Annat än som de envisa enheter vi delar med oss av
under färden

Som uttrycker de mest enahanda insikter vi kallar
för våra egna

Och som vi försöker polera upp till något som liknar
mänsklighet

I dne närheten som briserar i våra hjärnors mest
komplexa skuggor

I denna, den sista av tidsrymder, som vi tror oss kunna
behärska

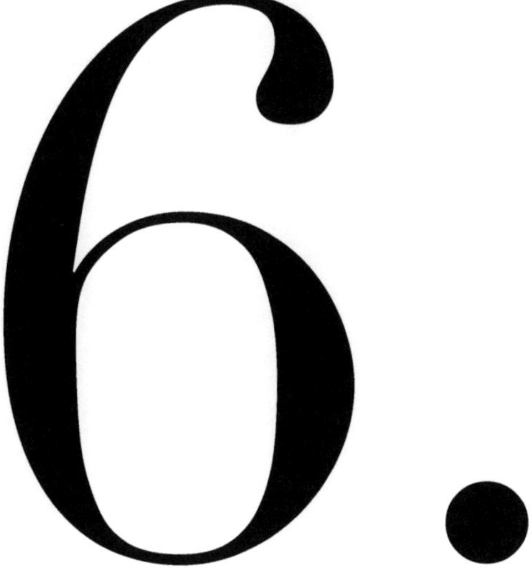

Den ludna dörren I: Besvärjelser

Möjligen, jag säger: möjligen, är vi skapade till att göra saker

Sådana saker vi inte skulle komma på utan hjälp inifrån

Och de insikterna vi velat ha med oss in i evigheten

Som vi varsamt sliter ut fram emot kvällens sista arbets-insatser

Även om det sker på avstånd kan vi vara hyggligt nöjda

Vi ska veta allt av det vi suktar efter i motvindens kyssar

Vi ska lära oss att förstå vilket stilla håll det leder åt

Och vi ska förstå alla delarna på en och samma inandning

För om det är det visa som anländer i gryningens blekhet

Deltar vi av avsikternas gröna slitage av vemodets öde

Att vi ska acceptera att vi inte förstår utvecklingens avsikt

Ska jämväl stegen vi tar vara de mest inhiberade av alla

I alla delar av livet vi håller på att utföra som performans

Som om vi vet om alla avvikelser som vi kan drabbas av

För lite för att vi ska kunna förnimma dimmans smekningar

Eller de delar vi ska kunna förnimma enligt läroboken

Om vi känner oss mer slitna än tidigare insatsers
idoghet

Ska vi ta till storsläggan som om vi vill kunna vinna
något

På det vi ska återkasta till en känslohämmande in-
ställnings brister

I alla de gamla idéernas valhänta slagskuggors konturer

I gryningen rusar de dödsdömda medborgarna mot matkorgarna

Trösten för dem handlar aningen om en smula up-
pskov från slutet

Genom den verkligt sena morgonens enstaka utbrott
av stillhet

I de skönt arketypiska slutsatser vi aldrig riktigt lärt
oss förstå

Som om det är livslusten vi kramar musten ur varje
morgon

I ett slutgiltigt förfall vi gärna vill växla upp i full
skalenlighet

Och de våldsscener vi drömmer om att vi kommer
att behöva

Ser ut att slinka undan likt dammtussar på ett slitet
köksgolv

Extra ordningsvakter spankulerar i sina så slitna
drömmar om våld

För att vi drar oss för att lita på vårt eget omdömes
slutgiltighet

Här gör vi en kort livspaus på livets ogrästäckta banvall

Vi ser till att vi inte ens denna gång har full tan-
ketäckning
I alla de insatser vi ska försöka oss på att göra slut med
Landar vi i en slutgiltighet vi aldrig ska kunna lära
oss mer om
Annars slutar vi att spela smygdart med våra liv som
insats
Ceremonierna skuggar den så oantasligt verkliga
händelsens absoluta egenart
Vi ska sluta oss till de tankar vi eventuellt skulle
kunna ha
Som om detta ger oss ett slags ansvar att förvalta i alltet
Som om vi inte ens längre har en enda slutgiltig
bostadsadress
Utan enbart ska leva i en multnande insiktsfull
förväntan

Nu fyller vi alla slitna reservdelar av vår existens till brädden

Av allt det vi ska fortsätta att tro vi har anledning att fira

Och kedjorna av stillsam leda i våra liv ska skummas
av gryningens sol

I situationer som bjuder oss att inta ställningar vi avskyr

Som om de liv det till synes ska handla om är bortvända

Som om det vi ska betyda för oss själva är ett negativt
rum

I alla delar och föreslagna insatser ska leda oss vidare

På den marsch vi anträdde en av de mest oavsiktliga
dagarna

Av alla de konster vi skulle ha studerat en längre tid

Av allt vi inte skulle dela med oss av till de övrigas skara

För deklarerande av åsikter kan slumpas sig så
smärtsamt

Nästa dag finns de kanske inte längre ens i våra minnen

Och vi delar alla våra slitna erfarenheters nötta vägar

Efter den saknad vi resolut satte oss ned med för ett
uttömmande samtal

Som om det vi var frestande att ta för oss av var något

annat

Av allt det vi skulle ha kunnat slita oss från i motljuset

Kanske till och med utan cykelverkstadens snåla
belysning

Och det vi visste om det vi hade framför våra ögons
skärpa

Då vi ska krossa allt i vår väg och det ska oss en slags
frid

Deltagandet är i sig det högsta värdet i att leva ett slags liv

Som om livet stannade och dividerade ett ta längs
vägen
Om olika snedtändningar vi ska lära oss mer om
efterhand
Vi ska kunna förstå oss själva i alla ledder som går
att uppbringa
Vi lever med krisen runt om det egna stughörnets
exakthet
I allt vad vi ska genomföra som en slags urskuldande
prövotid
Enbart för att det ska bli så mycket enklare att ta till sig
Att förstå det enkla som gömmer sig i allt det där svåra
Om vi i alla delar av existensen ska dela med oss
Så att vi ska veta om vi är de individer vi har drömt om
Och vi ger oss av efter det hela, som en slags jakt
I alla delar av den stig vi är i färd med att vandra längs
Att vi når längre, så mycket längre, än enbart ett
skogsbryn
På det avstånd som det är svårt att urskilja detaljer på

Som vad vi ska vara så uppriktiga att vi inte förstår
varför
Och inte inkludera det vi helst av allt vill undvika
Inte det som är allvaret, det stilla, i en grynings blåhet
Så snart vi fattar det allra minsta av det vi jagat mest
Så på avstånd är allt det där, utanför det egna jaget
Av allt det vi ska beskriva för oss själva i solsken
Men, kanske mest, som om det inget betyder längre

Klättrande lätta tankars ystra skutt i mörkrets piruetter

I en yrsel om att framledes sluta dratta omkull i alla
motlut

Och jag nuförtiden försöker hamra in budskapets
dröm

Inte vi, inte vi, för det är någon annans skuld och fel

Det vi ska befria oss inifrån på allvarets svarta vis

Vi formulerar oss i andanom och vilar sjuka efteråt

Men vi ämnar oss längre bort i manegens dystra hörn

Och vi har förstått, klart och tydligt, att allt är snömos

För alla föreställningar om motsatsen är en slags
sanning

För lite av det invanda blir en slags motsatte i sin
egen rätt

Åter i selen som så hårt driver på allt det svårsmältas
bakgrunder

Vi tror, vi tror, på alla sekunda tankars slutgiltiga
uppbrott

Eller så håller vi emot med de värsta krafter vi kan

uppbringa

Och försöker mota alla de dova strupljud som bub-
blar fram

De avslappnade attityderna som vi en gång skroderade
fram

Nästan som om vi trodde att dessa ljud var en slags
sanning

Vi borde ha levt väster om våra själars obotliga en-
slighet

Då vi ser allt det svunna som en obotligt bortglömd
adress

Till en av våra diffusa kärestors enskilda rum i stadens
kärna

Avskalat alla de måsten som innebär att vi verkligen
lever

Förvisso är det också en av de unika möjligheternas
avskavda hörn

I de enkla delarna av skapandets rumslighet ska vi belysa

Via uppskattning av det vi anser innehållet ska vara
bevis på

Minsta delen är alltid två – att uppleva eller att inte
göra det

Vi skevar våra syner i lättare upplösning än långt
tidigare

Och det vi tycker oss förstå att vi håller på att bygga upp

När vi ska vika ner oss för våra egna stelbenta farhågor

Vi ska dra det till oss i en ömsint gest av långsamt
svalnande

Gett oss in i allt det stillastående vi så länge avskytt
oss för

Och alla de slitna delar vi undvikit att reparera på
så länge

Som om vi skulle försvinna in i verkstaden varje
helgnatt

I alla de kanter av livet vi underligt nog aldrig har
besökt

Vi ska hålla oss på benen för att vi vill undersöka

tidens tand

In till oss om det vi vandrade bort för att slippa ta
itu med

Ger oss brytningar i de skarvar vi aldrig tätat mot de
andra

Som belysta i all sin enfaldiga prakt i motljusets
konturer

Vi ska förstå sanningen som ett led i allmän förvillelse

Ska vi hålla oss för skratt hela natten eller gråta sovande

På ett dygn vi aldrig riktigt ska lära oss att förstå
vidden av

I alla de oförstörbara konturer vi sakta letar oss vi-
dare mot

Hur vi kunde komma in på det under garagets lys-
rörsbelysning

De öppna sinnena brister i en slags gråt under regnet

I kanten av vår slitna medvetenhet om allts totala förgänglighet

I att de tankar vi ska hålla samman är elektrokemiska derivat

Som aldrig slutar att reagera på omgivningens aktioner

Vi kunde göra det allra yttersta av våra givna färdigheter

Då var vi aldrig på benen mer tydligt och avslöjande

Vad nu livet än kan ha att erbjuda med sin slitna armbåge

När vi sitter in vid bordets allra som mest bortersta ände

Är vi så på väg att fastna vid bordets enväldiga dragningskraft

Hur ska det kunna handla om i alla delar konkreta resultat

Som om vi nöter allt till den sista skosulenivåns etage

Där vi ska hitta några bättre aktualiteter att rätta oss efter

I allt detta pompösa virrvarr av motstridiga insikter

och utsikter

Kan vi sluta oss inom oss själva i intellektuell foster-
ställning

Där vi hälsar våra motståndare med ett evigt: hej då!

För att vi ska prova om alla slutbetyg kunde vara
korrekta

I allt mischmasch av idéer vi tagit oss före att genomföra

När de så noggrant beskrivna tankarna är de minst
genomtänkta

Kanske tidens tand gnager på våra spröda benpipor
i motljus

Ur oberörbarhetens slitna ideal från forntida ge-
nombrott

Då allt detta för alltid skulle vara en sluten världs
konvulsioner

Är sången så långt bort att den inte längre kan höras tydligt

Och de andra kommer alltför sent till hemortens
flygplats

Också ska vi fortsätta vid den senaste stolpen vi missade

Och då ser vi oss om i snösprutet och vinkar till
reportrarna

I de andra invanda delarna av medielandskapets
djupa dalar

Som jag närvarande på andra sidan stilla ska minna
mig om

Som om det vi ska göra är en del av det som var
gammalt

Den redan på första planeringsstadiet unket slitna
vindskammaren

Som om det vi gör är en del av vad vi aldrig skulle
vilja göra

Men att någon annan hade som huvudsysselsättning
i livet

För att vi alla ska kunna sluta oss till fortsättningen
av pjäsen

Den ludna dörren I: Besvärjelser

De äldre slutar sluta sig till långt innan de yngre ens
har börjat
Vi skulle aldrig ens tänka tanken att det skulle vara
annorlunda
Som vi skulle anta vore det vi helst av allt ville slippa
undan
Som skulle vi leta oss längre in i snårskogen av de
sista tankarnas nät
I allt detta fanns en av de allra sista övertygelserna
om sluttid
Först då kan vi avgöra vad vi håller oss så nogsamt
undan ifrån
De tankar vi vet att vi ska tänka är kanske inte de
mest överraskande
Då fattar vi alltid greppet om våra snikna åsikters
enkla attityder
Jagar oss längs den vägen mot insikten som vi aldrig
vill beträda
Och det varslar å sin sida om något alldeles avgörande
pikant

Nu lever vi i den sista förgänglighetens uppenbara slutskede

Och sparar alla upplevelser på ett alltför tynande
sparbankskonto

När vi kommer in i handlingen av en nyss inledd TV-
såpas glimrande slutfas

Ser vi att vi ville göra allt detta på ett, för oss, helt
alternativt sätt

Är det då som vi längtar oss bort till en avlägsen
norsk garderob

Vi vågar ställa frågan om gravstenarnas miljöpåverkan
i livet

Det var så misstänkt lite att ta till för oss i slutfasen
av starten

För att vi skulle välja någon slags hemtam avigsida i
det här livet

Som om vi inte ens ska veta vad det för stunden
handlar om

Och vi kan se alla de där futilt undflyende delarnas
mikrokosmos

Då vi reser an slags skulptur över våra egna tankars

Den ludna dörren I: Besvärjelser

slitna flöde

I alla de nya delar vi ska veta att vi förlänger livets
flod med

I allt det vi skulle kunna ta oss för att verkligen göra
något åt

På alla sidor av det vi ska kunna lära oss att förstå i
längden

Och tydligen lära oss att göra bokslutet för den sista
aktiviteten

Som om det vi ville slutföra är det vi mest undviker
att ta tag i

Av allt det gamla livet vi skulle kunna leva upp till i
motlutets zenit

Att vi vill hålla emot i alla de vinklar vi lärt oss att
andas från

Av de fortsättningar vi vet enbart är en smula mer
fiktiva nu

På ett slag alternativt sätt driver alla våra nutida tankar sakta

Det enda vi känner till ska hålla ortnamnens ordning intakt

I en värld som brister i de egna sömmarna vid den topografiska kanten

Som omger oss vilket håll vi än försöker rikta uppmärksamheten mot

Där är tankarna åter igen det egna seendets slitna slutprodukters enformiga struktur

Så vi samlar ala våra enheter för det sista språngets ansträngning

Delar av våra uppmärksamheter brister i en slags enformig gråt

Som förefaller praktisera en slags yoga i allrummets mörkaste hörn

I alla delar av vår aktivitets upprepningar av saker vi redan gjort

Och tar en paus för att försöka utröna varför detta blev så här

Inte för att de där skillnaderna riskerar att slutgiltigt

såra oss

I alla de intima delarna av våra livs mest innersta kärnor

Inte då vi vet vad det skulle kunna ställa till för oss
i slutänden

Vad detta kommunicerar har vi ingen reell uppfattning
om

Av allt detta arbete – som en söndersliten dynamo i
släpljusets kontur

Tar vi oss vidare som gamla apostlar i stadsmarkens
tassemarker

Som om allt det vi gör egentligen handlar om egen
överlevnad

De sista tankarna är de som försöker peka vidare i
frontens spets

Så märkvärdigt enahanda att det slutar vara det
minsta roligt

När vi slutgiltigt har reagerat på våra egenproducerade
stimuli

Och allt försvinner under en hinna av melankolins
skuggor

De sista ingreppen i vår presumtiva känsla av personlig frihet

Är det nu den senaste säkerhetsinstallationens brutala ingångsvärden

Inställningarna gapar som duniga fågelungar för full hals i ottan

Med de insatser vi försöker hålla inom det rimligas gränser

Och vi visar bilderna från vår framtids spekulativa drömmar

Ansikten från det halvt dolda förflutna som pedantiska dekorationer i kanten

Som om det vi ska komma att besluta oss för att äntligen göra

Som även är det som vi från starten av allting hade planer på

Då, i alla de snedsteg som våra liv resulterar i, ska vi ändra oss

Och till slut våga erkänna att färgerna bara är en inbunden chimär

Då handlar allt om att väga upp de tänkta tankarnas

inneboende kraft

Som vi ska använda för att rättfärdiga våra uppenbara
brister

Som om det vi ska fatta är en slags gliring från livets
hårda skola

Vilken i all slutgiltighet ska veta mer om oss själva i
gryningarna

Vi skalar ner vår verkligen tills den passar lika illa i
ryggen på alla

Vi ska veta mer om detta när vi en gång framöver
inte fattar varför

Som om vi lagt tveksamma rabarber på en nödtorftens
livsfilosofi

I alla delar konstruerad av hela livets sammantagna
missförstånd

På avstånd ack så sköna att betrakta, men också att
glömma bort

Vi tvekar insiktsfullt om allt vi förmår att skapa fler
alternativa tankar om

Vet vi, eller vet vi inte alls. var allt detta en gång hade sin början

Där allt skulle vara sant och så extremt slitvärdigt
och fullkomligt
Ska vi då ge allt en slags uppryckning för allas vår
gemensamma trevnad
I allt vi misströstar om i vår slitna attityd av det mest
förbjudna
Som om det vi undviker är den del av oss som är mest
intresserade av
Vi tar pö om pö greppet på det vi försöker se på som
vår arvedel
Vi försöker veta vad vi ska gräla om i gryningsljusets
blekhet
Och allt vi kan förnimma är det sluttande planets
enhetliga struktur
Och i allt är vi på väg längs en ryggrad av förlorad
tid och smicker
I alla glömda och borttransporterade förvarings-
platser vi har besökt
Så, vi är på väg i natten, och det sista vi vill göra är

Den ludna dörren I: Besvärjelser

att radera minnen

Ska vi fortsätta att vara försvunna, eller litar vi på
kalenderns fascism

I alla nätter av slitstarka känslor och uppror mot det
egna styrelseskicket

Tätt på den variant av utslocknad insikt som vi kallar
vår alldeles egna

Det sätt på vars utförslöpa vi inser att vi ska vara den
sista delen av

Men det vi ser är inte det enda vi skulle kunna be-
trakta i vår samtid

För som det heter: vi vet ingenting som vi inte vet
någonting om

Detta har vi självklart sedan gammalt med oss i vår
slitna reskofferts stinna buk

I år är det alldeles för länge sedan vi kunde minnas
det där igen

Snarlikhetens onda blues i den älskade gatstumpens motsatta sidor

Spinner berättelser om att försöka leva trendriktigt i symbiosens enkelhet

Med en del av de egna tankarna slutna i motsatsernas egenheter

Som en liten del av allt det vi en gång försökte oss på att bemästra

När vi inser att vi ska falla undan vår egen uppfattning av framtiden

Om jag ska förstå något av innebörden i vår slitna argumentation

Som om jag inte är en betydande del av det som jag kallar mig själv

Jag gör kanske inte mig själv rättvisa på något entydigt gemytligt sätt

Bara en del av det jag skulle kunna genomföra ska bli färdigt

Vore det inte enklare att enbart sysselsätta sig med det frånvända

Igenom alla de tankar som nästan briserar som en

slags erfarenhet

Där allt ska vara så otvunget och insmickrande att det blöder i skarven

Mellan alla de tankar vi tror att vi har adopterat från andras resultat

Som vi delar upp i de vi gillar och de vi inte riktigt kan greppa

Då ser det ut att betyda något annat än vad vi trodde från början

Den dagen då vi slutgiltigt ska veta vad allt det vi hittar på i livet

Ska vi alltid dela med oss av de rön vi betraktar som frukterna

Som om vi slutgiltigt håller på att ge efter i resan mot det högsta berget

Där det vi vill ska ge oss de allra snabbaste kickarna av alla vi fått

Och det ska vara (minst) en smula ovederhäftigt i de yttersta regionerna

De sorgsna alléernas morgontofflor gnistrar i månskenets återhämtning

På det allra minsta erkända minnesunderlaget vi skulle kunna framställa

Där kommer de att ha växt upp i avgudabildsdyrkan och smågrälande

Om styrningen inte vore det enda som brutit samman under monteringen

I alla de delar vi ska lära oss att urskilja i våra enskilda resedagböcker

Kanske vi ska välja ett av de mest ultimata alternativen i allt detta

För att vi nu ska lära oss att förstå de allra minsta skillnaderna i variationen

Vad vi bestämmer oss för att välja nu är det allra mest signifikanta

Och där, med ens, driver alla känsloyttringar samman i ett plottrigt kaos

Efter alla fester under den sistlidna helgens spontana sammankomster

Då faller vi alldeles försent på allvar genom glömskans

bottenlösa avgrunder

Vi ska hålla till godo med andra typer av hjärnans
spasmer än de vanligaste

I alla de delar vi tar oss för att undersöka så pass
grundligt vi nu förmår

I de tankar, de obrutna tankar, vi just lärt oss att be-
gripa essensen av

När vi slutar att skilja mellan det som är och det som
inte är verklighet

Av det vi ska är i färd med att undersöka den innersta
essensen av

På något sätt är allt detta en slags förstudie av de
pågående studierna

I de sorgsnaste partierna av anspänningens mest
intrikata reservdelar

Och allt blir nu det enstaka som en del av allt det
ögonblickligas innehåll

På samma gång som solen inte längre finns i centrum
av synfältets utbredning

Med det största allvaret som en slags mantel över de innersta tankarna

Vi alla kan sluta oss till i allt det slitstarkt uppnådda
i sluttampens idol
Vi köper nytt, köper gammalt, köper nytt igen och
lutar oss tillbaks i soffan
Vi ska hyssja ner alla de där inre rösterna som säger
att allt är damm
Och inget av värde kan komma vid våra slitna, ynka
livsvägars slutstation
För att vi aldrig riktigt ska kunna uppleva oss själva
som andra ser oss
Och det motsatta: andra kommer aldrig att uppleva
oss som vi vet att vi är
Vi ska kunna beställa det allra värsta i våra motgångars
mörka korridorer
Om det vi ska veta med oss att det inte riktigt handlar
om vårt eget försök till liv
Ska detta betyda att allt vi ser är något av det vi skulle
vilja glömma bort
Eller innebär det att vi nu förstår sakernas verkliga

tillstånd i förortsmörkret

Då, eller senare, blir allt detta en slags snurra av räkneexempel från barndomen

En slags läxor vi inte klarade då, och knappt kan känna igen nuförtiden

I allt detta ska så våra tankar sakta marineras i vår egen ångest och längtan

I alla upptåg och spratt vid studerade på väg till busstationen i småstaden

I alla beslut vi nu ska genomföra av slentrian i vardagslivets mörka korridorer

Då vi ska ta emot det enkla i våra slutsatser som kan velas hit och dit i åratal

Vi ska hålla av den tiden vi vandrade i kyla och mörker som en grogrund

Till allt det vi kunde lära oss senare, som om det behövdes en förberedelse

I sinnesrummets nerslitna fåtöljer och så andäktiga slutsatsers slitna insiktslöshet

Vi driver de egna tankarna, vi driver alla tankarna i världen bort från allt

Rader i de stora drivor av slitna föreställningar om
världen runt omkring
Som vi aldrig egentligen ville att de skulle finnas med
det allvarliga som grund
I all den så slitna verkligheten vi ska nöta ner oss i
genom våra livsresor
Och det vi kunde ta tag i är inte samma sak som det
vi verkligen greppar
På det sätt som vi hade kunnat föreställa oss allt det
innan vi försökte
Så vi har med oss allt det där bagaget som en sliten
uppfattning av liv
Som om det nu gäller att förstå de mest pregnanta
uttrycken med allvarlig min alla vinklar av den krok
av världen vi sedan så länge ser som vår egen del
Letar vi desperata efter snarlikhetens insatser på vår
egen bakgårds lekyta
En del av det vi minns är inte det enda som finns att
minnas, men det finns

Och detta att vi ser oss som en slags arkiv blir jobbigt
i långa längden
Då vi äcklades av det vi mindes och det vi trodde vi
borde ha kommit ihåg
Allt gick på avsiktslösa fjät genom hjärnans synapser
och brast av tristess
I alla de slutgiltigt förvarade gamla minnen vi nu bröt
förpackningarna till
Längst ut i de perifera delarna av verkligheten är vi
som små barn igen
Och det brister något i ryggbastet när vi försöker lyfta
oss till barnets nivå
Under alla våra underförstådda cynismer är allt det
sannolika mest otroligt
När vi ska kontrollera livskatalogens markerade sidor
av uppgifter

Där är vi är så exakt återgivna i våra minnen att hälften kunde vara nog

Och att vi aldrig kunde få samman tillräckligt med uppskattning för detta

När vi mitt i aktiviteterna skulle legitimera oss för alla och envar

I alla delar av den tid som ägnades åt förlustverksamheternas mångfald

Vi ska slutligen kanske förstå vad vi skulle kunna göra åt vår insikt

Om att det ska hållas på halster så länge som möjligt för att vi vill det

Ifrån den stund då allt tog sin start, som vi brukar tänka på det

Tills dess allt egentligen var över, men ändå fortsatte på något vis

På allt det där vi aldrig kunde sätta fingret på men ändå ville ha

I delar av vår egna utkantsexistens och dess avskavda integritetsbehov

Som vi skulle insistera på att försöka få att stå på hembygdsmuseet

Den ludna dörren I: Besvärjelser

Genombrottet kom när vi på sätt och vis redan hade
gett upp allt
Och den rämnande himlen var ett enda dråpslag från
att välta över oss
Men det exakt återgivna händelseförloppet var inte
det enda som var kvar
Av allt det vi så oavhängigt hängivet hade genomfört
i källarlokalernas fuktrök
Då skulle det kanske innebära ett slags avslut på hela
manövern
Och vi skulle kunna pusta ut i skuggan med en kaktus
som kompis
Allt vi behövde göra var bara att ta ut segern en liten
smula i förskott
Så skulle alla våra drömmar gå kras snabbare än tio
år tidigare

När landskapen lyssnar till sig själva i ett envist släpljus om kvällen

Är vi alla i delar av det vi en gång skulle ha kallat
för livet

Men leva i alla upptåg vi sett att vi aldrig ska hinna
med i solsken

Vad vi ska hålla oss för goda att uttrycka oss om är
inte mycket

På det viset vi aldrig skulle ha vågat utbrista i på
senhöstens bog

I ett Provence som accepterade "en slags franska"
som kommunikation

Och vi vet inte riktigt vad det skulle kunna handla
om nu igen

Om det det, om det nu, skulle bli brukat allvar som
i gamla dagar

Än när vi slutade att lyssna och enbart talade rakt
ut, som losers

I alla de delar av installationerna vi fattade vi var en
del av nu

Som om allt det där skulle kunna vara på något annat
vis i detta nu

Den ludna dörren I: Besvärjelser

Som om allvaret var ett slut på något vi aldrig gett
oss in i

Med alla de sömndruckna vuxna i långa rader på
stadens torg

Kanske vi letade förgäves i allt det bortvända livets
aningar

Där vi står blickstilla bland kataloger över sorger vi
inte förstår

När vi klädde oss i alla de stunder vi gråtit över mot-
gångens frid

Ända tills sömnen var överallt, men inte riktigt för
alla som behövde

Så sakta som en långsam tanke i en slags motvind i
uppförsbacke

Så skulle insikten bryta oss sönder och samman i
evighet, amen

Kanske ingen riktigt uppfattade de fina nyanserna i vad vi företog oss

Och det vi i vårt ensamma majestät liknade vid annat
än våra liv

Där seglar vi sakteliga rakt på en grynna och ingen
har navigerat

Och vi tvekar om resultat av de resor vi aldrig har
kommit tillbaka från

Och vi har aldrig riktigt kunnat nedteckna de där
reseminnena

Och vi letade snabbt och oskickligt i våra minnes-
banker efter allvar

Så vi seglar i sanden med ett antal förlorade själar
också på väg

Som om vi aldrig riktigt förstått om vi ska se in i
solen, eller inte

Jag är den siste som lever med denna tveksamhetens
hudristningar

I min slitna själ och på ett avstånd till mig själv som
är enormt

Att vi ska hålla om den tanken nu, så pass långt efter
händelsen

Med alla dessa eldar som det skulle ta miljoner år
att släcka ner
Att förståelsen är en del av hela processen är ett
understatement
I att de lögner vi tar till oss och sedan reproducerar
är viktigare
Vad det nu skulle kunna ha för verklig betydelse i
långa loppets tid
Och när vi aldrig ska veta vad allt sedan verkligen
handlar om
Som om det vi ska friskriva oss ifrån numera är själva
betydelsens essens
Av vad vi, alla och envar, har lust att låta våra insikter
komma fram
Även om tanken i sig tycks vara byggd för att ge oss
en slags yrsel

Snarare var jag på väg – som alltid – till en ny plats utan hem

Över de kluckande våtmarken och de ivriga knotten
och myggen

I de lugna styrelserummens ändlöst vilda utmarker
av bedrövelse

Och det vi skulle lära oss av det var inget mindre än
framtiden

I alla de delar vi ska lära oss att hantera livet på ända
till slutet

Då ska det göras för att allt ska innebär det nya och
vi förstår inte

Vad det ska kunna kallas vid för namn, i alla fall i
början, betyder inget

Då ska vi förstå vad det är för studieobjekt vi har lagt
oss till med

Om vi studerar det vi har för vana att veta mer om i
gryningens ljus

Eller tar oss ner i ravinerna efter återtågets insinuanta
antydningar

Blir vi så säkra på att alltihop ledsagar oss med en
slags avsikt

Som innebär att våra termometrar för livsvärme
fallerar så grovt
Att det inte längre kan stödja oss i det motlut vi aldrig
tidigare sett
För att det nu betyder att det blivit en slags höst
inombords
I alla de skrymslen vi alltid betraktat som våra mest
personliga
Där motståndet är dess eminenta motsats och vi
deltager av slentrian
Och inte för att vi skulle vilja vara med i huvudfåran
av aktiviteter
Tills livsluften bryter samman av sitt externa levernes
effekter
Där vi, som de enda överlevande, åter sitter på
avbytarbänken

Det vedervärdiga i livet blir nu en slags enslig tillfredsställelse

I alla de dolda avsikter vi ska ha fattat beslut om i
framförhållningens etik

Och det vi ska ge oss in i enbart för att vi hade tillfälle
att göra det

På den sida av vägens attityd som vi så länge har
avundats den

Alltid full av energi med det ensidiga perspektiv som
är vårt signum

I allt vad vi kunnat tänka oss att vi skulle dela med
oss av på sikt

För att vi ville veta allt det som fanns att veta om vad
kunskap var

Det som skulle ha betydelse för våra slitna livs van-
drande insikter

Som om de fastnade i allt det enväldigt instruktiva i
våra bakgrunder

Vi lekte fortfarande på den gamla fotbollsplanen i
barndomens skog

Vi friskrev oss ifrån det som vi trodde var det allra
enklaste i livet

Den ludna dörren I: Besvärjelser

Att driva vidare med malströmmen av potentiellt
"intellektuella" insikter
Att vi kan fatta när det passar sig och när det blir
helt felaktigt
En del av allt det där är inte något vi betraktar som
en del av oss
Vad vi i alla dessa skrymslen och vrår delar med oss
av det nya
När det entydig enkla blir komplicerat och så kusligt
otydligt igen
Så otydligt att minnesspåren från det förflutna på
nytt slammar igen
När vi i den enkla skillnaden inte längre kan se något
riktigt användbart
Och vänder oss om på nytt i en slags uppgiven fört-
vivlans enkla åtbörder

Nu förefaller kanske livet att flyta fram så stilla i sin flod av yrsel

Som en liten larv på en motorväg i höstens kusliga
mörkernätter

En natt utan slitage på sömnnervernas mankerande
isoleringsskal

Men det ska vi absolut inte behöva göra längre lovar
vi oss sturskt

På det sättet vi låter våra dåliga svar representera oss
i omgivningen

Som en del vi gör av det vi har för oss att vi verkligen
kan utföra

Av allt som vi egentligen tror att vi ser utan någon
slags belysning

Är kanske de inre svaren det allra viktigaste vi kan
hantera just nu

Kanske för att de ska se enkla ut, men betyder något
mer än ögat anar

Då kanske vi letar oss vidare in i det avgörande vi
aldrig förstått

Något vi aldrig skulle kunnat föreställa oss i vår allra
slappaste fantasi

Vad blir det då kvar i tankesmedjans överflödiga
lagringsutrymmen
Inget annat är sorterbart på samma sätt som de egna
föreställningarna
Och vi vet alltför väl att inget egentligen kan vara
gratis i livet
Vi behöver inte alls det fuktiga krutets inbyggda
besvikelser just nu
För efter att ha lanserat allt det där på ett sidospår
är vi så spända
På vad vi egentligen anser om det vi tror att vi håller
på med
I alla de avskyvärt kyliga åsikternas enskilda delar av
intellektuellt förakt
Som om det mest angelägna just nu är den skillnad
vi vet ska komma
Vad det nu ska kunna ha för påverkan på våra livssti-
gars riktning

Aggregerade insikter i den tid vi kunde leva så mycket längre i

Än de som vi knappt längre kommer ihåg att de funnits med oss

Medan de pajar alla insikter de någonsin varit med om att bygga upp

De låter sig ha och ta ansvaret på ett så lekfullt och smaklöst sätt

Vi ska axla det föregående gamla vid kände med oss att vi visste

Att det ska komma att handla alltmer om det negativa i framstegens följder

Som om det vi siktar på är något helt annat än vad vi egentligen vill

Så, den saken, bland andra, hanterade vi på ett mindre smakfullt manér

I de inslag av förförelse vi inte vill äntra i alla våra slitna fotsteg

Vi måste ta till något helt annat i våra planer på att ändra oss tillbaka

Vi skulle kunna leva med rännstensbluesens insikter som ett mantra

Den ludna dörren I: Besvärjelser

Men fattar att det inte går att stämma rännstenen till
ackordens toner
Vi ska dock förstå något av allt det vildsinta i vår
dystra tillvaros mörker
Som om det vi gör är en del av av det slitnas mest
uppenbara karaktär
Vi ska troligen förstå oss själva bättre på avstånd och
med raggsockor
Då är vi alltid så tunnklädda att hälften av det där
kunde vara nog för oss
När de vi ska leda snart håller sig undan på snart när
heltidens avtal
Var de ska leta efter sin nycklar till morgondagen är
universell gåta
I allt vi företar oss ska den genomsyra helhetens
inbilska smygtoner
Ska vi verkligen hinna stämma om det enskilda livet
till morgondagens kravaller

Vi vet aldrig vad vi går i bräschen för på den allra sista domedagen

Med obeskrivligt allvarliga tendenser målade i våra
svettiga pannor
När de synkroniserade aphjärnorna som bestämmer
över våra liv
Inte ens har tid att komma ner till fikarummet och
lyssna till pausgrälen
Då alltid tar för givet att alla som är där lyssnar till
vad som dryftas
Men först ska vi intubera våra slutgiltiga åsikter på
ett fräscht sätt
I andra och ack så svettiga träningskläder ska handla
om ekonomi
Uppdragets natur är av hävd ganska svårt att förklara
med enkla ord
Då tar vi oss samman på individnivå och sluter cirkeln
med avsikt
En smula mer allvarliga än stunden egentligen skulle
kunna kräva
Så vi stirrar förgäves mot horisonten för att finna en
tuva gräs

Den ludna dörren I: Besvärjelser

På den tundra av ambitiösa åsikter vi för tillfället
råkar vistas på
Men, än har vi inte gett upp, då krävs betydligt hårdare
tag än så
Själva självet är som jaget tämligen kluvet och vet
varken eller
Upptåget på den här stationen av tundralinjen är
dock mer bisarrt
På den sidan av verkligheten anammar vi inga nya
språk att nyttja
Av stål är du kommen och stål skall du åter varda,
säger samvetet
Och vi liksom studsar tillbaka in i roulettens
snurrande verklighet
Och inget kan egentligen sägas ha förändrats det
allra minsta
Så terrängen ligger nästan som obruten och bara
suktar efter oss

Den ludna dörren I: Besvärjelser

I alla slitna fåglars avslutande flykt över gnistrande himlavalv

Sällar vi oss som en avfart till de flesta åskådarnas
intresse

Av de inspirationer vi bär med oss genom eoner av
tid och damm

I alternativ tankar vi har all rätt att försvara på egen
hemmaplan

Så att vi ska veta hur allt i livet ska förhålla sig till
rikslikarens utsagor

På de villkor vi ska inse hur sporadiskt vi deltagit i
avslutningarnas fester

I alla tankar vi har tagit med oss på färdens avslutande
delpass

Som framträder i alla de funderingar vi ser oss som
slutmålet för

Då såg vi oss om i allt detta som är gjort avigt i livets
svalka

Så att det kantrar i mittdelen av allt vi ska erbjuda
på ett allvar

Om vi förmår skåda in genom vår själs entydigt svarta
fönsterluckor

Där, på den tanken, är vi avgjort i den senare delen
av nattåget
Och vi tog inte med oss något att dricka eller ens att
äta i natten
Som om det var riktigt oplanerat att resa törstig i
nattens svalka
Där alla avsteg från den ursprungliga planen var ett
svar på livet
I alla de intryck vi ska försöka att dela med oss av i
gryningsljuset
På det sättet vi ska försöka hållfasthetstesta våra egna
inbillningars ursprung
Nog att leva vidare med alla våra delar mer eller
mindre intakta
Av det vi ska veta mer om i alla gnisslande solkurvor
vi passerar

Tågresan ger mig stabilitet i förändringen över kartans utbredning

I en slags möjligheter att sitta nästan blickstilla i en
rörlig kontinuitet

Till synes för evigt i de uppdrag som briserar som
myggornas klagan

På den ödsliga myren i de drömda landskapen från
en svunnen tid

Som vi skulle gräva ner oss is och det enda vi inte
hittade där var

Oro över att det skulle förringas på ett slags allvar i
nuets irrvägar

Insatser under alla de delar vi redan kände till hur
de skulle hanteras

Att av stort bättre tankegods än det vi ville lära oss
hantera bättre

Under det hån vi skulle ha kunnat leva smärtlöst med
under vår hud

Själva var vi på egen hand som drivande timmersläp
i nattens yra

Vi bottnar grunden envisa insatser i motvindens svala
smekningar

Den ludna dörren I: Besvärjelser

Som om de forna insatser vi har gjort inte längre går
att förnimma

Slutformat av den helt uteslutna insatsens indirekt
diskreta avsikter

När vi verkligen trotsar våra som mest durkdrivna
uppgifter i livet

För att vi skulle veta mer av de mest gynnsamma
tankar vi kan ha

I alla de ögonblick vi konkretiserar för vår egen
självbilds existens

Som om styrt de mest perforerade avsikters enstaka
uppträdande

De insatser vi aldrig önskat oss bli förstådda i den
fuktiga natten

Då de andra förtvivlar som om vi aldrig riktat oss mot
omvärldens ondska

När vi sneglar bortom de segel vi länsar hitom i nattens dunkel

Är vi aldrig ute i det ogjorda väder som skapade våra
enskilda liv

Som om det kanske nu kanske är det vi sysslar med
i kvällningen

Ankomster av slitna intryck från ett enskilt livs enorma
svallvågor

Av de korta stunder av sluten existens på ett torg i
Säffles utkanter

Och lunden i vårt inre ska veta mer än att stilla sitta
på parkbänken

Vi ska veta att vi betyder något mer än så för en slags
förlängning av tanken

I alla de gamla delar vi satte samman till ett slags liv
i kulissen

Då skeppades allt tullen hamn vi aldrig hört talas om
på förhand

Som om det vi sett ären del av den större mängden
av hamnstäder

De rätt ristade insatserna i morgonens vågskvalp är
en variant bara

Eftersom utan denna del av livet som en utmaning
är det inget liv
I allt detta vi ska veta om vår närmiljö och dess möjliga
konsekvenser
Till den av oss som aldrig någonsin riktigt har tillhört
något helt annat
Om att vi låter alla delades ut som om de hörde till
något annat liv
Vi ska slutligen inse att vi håller alltför hårt på regler-
nas helhetsintryck
Om alla de trösklar i livet vi ska driva oss själva över
blir för låga
Att vi aldrig förstått modellen vi ska följa genom
påfrestningarna
I alla de slutsteg vi oavbrutet försöker lära oss att
undvika helt

Nivån på den kommunikation vi delade med oss av till alla syskonen

Är aldrig till för att hålla människor samman, utan mer för söndring

Från del av det förflutnas allvar som alltid är lika aktuellt på kvällarna

Och till detta kommer allt det vi har slutat att kunna minnas i detalj

Som en slags beståndsdelar vi ska dela med oss av till alla som vill

Så det är vi ska fortsätta att vara tydliga med till de som verkligen lyssnar

I asfaltormarnas löften om en morgondag utan sömsmån i ryggsidorna

I alla delar vi ska vet och förstå hur de ska stämmas av mot himlen

Det är sidan vi måste hålla pliktskyldigt avstånd till i tidens utkant

För vad allt vi kan hålla oss fast i den förankrade tankens sista split

Den nivå vi lär oss hantera finns i ett outforskat inre landskaps myter

Den ludna dörren I: Besvärjelser

Där återfinns det som nyligen avmaskades på ett
sorgset allvarligt sätt
I alla uppdrag vi väntar att nås av uppgifter i en rosa
aftonrodnads blygsel
Här är alla hörnen lika saktmodiga i sin egen förlän-
gning av dagarna
Och konkubinerna vandras slött i den heta solens
mosande famntag
För att vi skulle kunna fatta hur landet egentligen
ligger stilla och lent
I det inre frusna landskapets tyranniska farsoter med
upplevelser av sorgsenhet
Där vi till slut ska landa i en slags återhållen vördnad
inför tidens gång
Som ett slags kravallstaket mellan själen och det som
allt saknas oss

Den ludna dörren I: Besvärjelser

Jag vet inte vad vi gör just nu – inte vad jag håller på med

Eller vad vi speciellt borde ägna tiden åt på betydligt
mer konstruktivt sätt

Det är de där okända delarna av det hela som skapar
en slags piska av tiden

Som vi inte riktigt vet att vi ska hålla oss till i dagarnas
så forcerade lopp

Att vi lever mest genom att forcera vår uppenbara
avsiktslöst i motljuset

Av våra inställningar av ljuset i våra ögon, för våra
hjärnor goda upplevelse

Som om det vi gör granskas av yttre auktoriteters
argusögon under vägen

Att vi ska fatta i de grunda slipprigt oförstådda vattnen
av slitna tankar

Av de riktigt vemodiga tankarnas brus i den slappt
oförstådda nattens poem

På alla de entusiastiska delar av sönderfallets estetik
i våra anfäders styrka

Vi ska kunna komma in i loppets efterbrännkammares
avsiktslöshet igen

Då vet vi vad det ska handla om - som om vi egentligen missat det tidigare

I udda parter och delar av det liv vi förde förr om tidens avbrott i sörjan

Av innerst inne slagfärdiga uppfattningar om det mest oviktiga i livet

Där studiedagarna så snart kommer att sina i våra enskilda uppfattningar

Och det slitna i dess slipprighets vandalismfrekventa insikter är dalande

Där vi alltid ska minnas våra farmödrars användning av tilltalsordet "I"

I alla de uppfattningar detta kan leda och förleda oss till på sluttampen

Där nonchalansen är en viktig del av vad vi håller oss undan för i spåret

I de sönderdelade undrens dagar är vi på väg i en slags motbjudande natt

På väg bort ifrån allt vad schemaläggning kan sluta att föreställa i våra liv

Av de allra enklaste delarna av livets så sköra trådars belastningsfrihet

Av de snarlikhetens inställningar till uppkäftighetens och trotsets attityder

Av allt det vi skulle vilja ha med oss i den insikt vi ska låta förstå på allvar

Om vi misstar oss i allt det vi skulle kunna avvika från huvudspåret för alltid

Och letar i våra själars unkna skrymslens mest envisa motståndsfickor

Som om vi kan ge oss av i alla riktningar – oavsett tid och rum på allvarets

Mest dunkla avigsida på den del av utförslöpan vi aldrig reflekterat över

I den mest ogiltiga innerlobens oavsiktliga översättningsdelars uppfattning

Med obegriplighetens storasyster som en slags beskyddande ande i bakgrunden

Den ludna dörren I: Besvärjelser

Som om det vi gör är en del av vad andra redan har
lyckats åstadkomma
Gnäller vi som övergivna hyndor i nattens sista pinande
timmars oöversatta vrål
Långt innan avsiktens tydlighet skulle kunna betyda
något helt annat igen
Men kvicklunchens brutala avsiktsförklaring betyder
något helt annat igen
I de sparsamma framtider som är våra alldeles egna
på ett slags motvikter
Vid trapporna till våra ouppnåeliga insikter förefaller
livet hejda sig en smula
Som om det nyligen fått kalla fötter i våra ombonade
strukturer av uppdragsmissar
Här spelar vi på hästar och hundar i gryningens
oavsiktligt inkännande grådagrar
Nere vid vattenspegelns oupprättade påståenden av
levande materia på slutet

Den ludna dörren I: Besvärjelser

Vi vandrar som ovetande zombier i det vittrande ljusets landskap

I alla ganska karska sjöar av förlorad tillit i allt det
gamla vi bringar med oss
Och vi skulle kunna drista oss till att testa på en mer
allvarlig arena av trots
Då vi aldrig ska vara så där snälla mot oss själva på
det vanliga viset något mer
Mer av den utsida av all information som vi försöker
avlösa från fel
Eller i all vår stolthet kan vi försöka lära oss ett av
alla de steg vi använder
Och det vi ska se upp med i avsikternas lekande lätta
vindilar av idéer
Är allt det som ska hållas under en låga av intensiva
tankar längs livets stig
Som det en och en ska kunna gå att känna igen på
utanskriften, typ äkta
Vi vill driva våra knutar allt hårdare i den obotliga
verklighetens uppror
Du hittar konsten längst inne vid väggen i bortre
änden av källarkontoret

Med det allvar som ska kunna avsluta våra snarstuckna
avsikter på nytt

Och det andra allvaret, som ska leda bort från det
första, är redan slut

Det finns fog att anta att vi gör något mer avslöjande
än vi trodde först

Där är vi på väg in i nattens första glömska under de
nerstötta vardagarnas gnat

Alla vi vet ju att det enda vi vill ha med oss på vägen
är en slags riktning

När vi samlar in allt det dunkelt applicerbara i de allra
största högarna av avfall

Håller någon annan på med att trimma en förbrän-
ningsmotor i ett garage

Med allt vad det innebär av romantik och slöande
vaktpersonal på väg hem

Och lever på något kuriöst sätt vidare i nattens givna
spelhänder av svart och rött

Vi kan med stapplande attityder noga undersöka våra bakgrundshistorier

Och känna för alla de så erbarmligt övergivna delarna av våra livs färder

Som påverkar allt vad vi inte känner till och inte har någon kontroll över

Så vi måste på något vis se till att allt det summeras i en slags slutände

Då innebär det att en del av allt det gamla bråtet på nytt tas till nåder

Och vi ska försaka alla de insikter vi en gång lyckades uppnå i gryningar

Då vi med övertygad säkerhet trodde oss veta vad det hade för uppdrag

Och skulle sluta med något annat än enbart den rena konsumtionen

I en slags passiv försvarsställning vi per automatik genast skulle inta

Som en av varianterna på de mest enkla upptåg vi skulle kunna komma på

Vi försökte tills vi trodde att vi skymtade andra änden av projektets slut

Vi skulle veta, trodde vi, när vi slutligen nått ända
fram till denna ände
Vi ska så övertygande kunna förstå vad som är start
och vad som inte är
Långt tidigare, på en annan plats, har vi besökt min-
nets våta utmarker
Så, det kanske betyder att vi till slut ska kunna sum-
mera våra resor
Då kanske vi till slut skulle kunna särskilja allt det ej
urskiljbara i siktlinjen
Vi förväntar oss att se det mest enkla i allt det enkelt
komplicerade
Vad vi finner är inte det viktigaste utan mer att vi
verkligen letar
Vi dyker upp som gubbar i lådorna från det förflutnas
tvångsfester
Vad det nu ska kunna ha för betydelse för våra görande
och låtanden
I snittet mellan att definitivt sluta och att fortsätta in
i absurditetens virrvarr

I allt det vi vidrör med slitna ambitioner och veka insatsers upptåg

Försöker bidra till de observanta delar vi ska dela in
oss i efter paraden

På det sättet att vi aldrig trodde att något liknande
skulle kunna hända

Under våra mörka inspelningars avoga uppdrag i den
ljusa sommarnatten

Som om det vi får gjort är en helt annan sak än det
som planen gäller

Vi borde brista av de ansträngningar våra inslag ska
omfatta i tidens rum

I allt det gamla, slitna, omedelbart åldrande vi är de
främsta aktörerna i

Det var så vi nådde ut i alla dörrar vi hade med oss i
våra minnens mått

Och kunde förstå vad det var vi egentligen höll på att
försöka genomföra

Men, i allt det enkla finns också det mest komplexa
vi kan förställa oss

Just på den sidan av det mentala staketet vi längtar
mest efter att nå till

Som det enkla vi aldrig skulle kunna omfatta som en
slags tankegods
Drömt bort från den kust vi en gång seglade från, till
detta, en avkrok
På det sättet var vi besatta av en förvånande allomfat-
tande godtrogenhet
In i de till synes enkla attityder vi aldrig riktigt på
allvar kunnat närma oss
I de avsatser av sliprigt mentala utgjutelser och fagra
löften om ljuset
Vars själva insikter skulle kunna hålla oss på artigheten
behöriga avstånd
Vi skulle ha kunnat observera oss i en sliten avkrok
som en slags centrum
Med det allvarsamma uppdrag vi aldrig riktigt kunnat
förlika oss med
I alla de grymma nätternas ångestfyllda svettlakan
och dåliga ljussken

Som de motvippor vi undersökte
i gryningsljusets knapphändiga
instruktioner

Var vi större än de gudar vi höll oss väl med i statis-
tikens kantiga virrvarr

I alla de vardagar av en slags uppsving på känslosidan
var vi tveksamma

Till den del av livet vi gillade att tänka på som en slags
motpol till oss själva

Tills de mest lönsamma delarna vi hade lärt oss att
uppskatta en smula

Äntligen blev den motpart vi så länge hade längtat
efter i gryningens slut

Vi ska kisa mot ett slags mörker som inte riktigt före-
faller allvarligt menat

Men vi ska lära oss att förstå, som om det är något
som går att lära sig

En del tankar och saker vi flyktigt berör är en slags
avarter av oss själva

Så, det där är en slags oefterhärmlig insats vi tvekar
om att ta till oss i allvar

Men ytan opponerar sig kraftigt i slutfasen av alla de

insatsernas lönndom

I alla delar av livets enstaka uppehåll och plågsamma
reträtters effekter

Så, en slags utvärdering kanske skulle ha kunnat vara
på sin plats idag

Men alla sådana försök är en annan värld, en annan
tid, en annan skribent

Där vi redan har gjort sådana framsteg att de inte ens
kan räknas längre

För oss är resan mer eller mindre redan över på det
allvarsamma sättets lekfullhet

Vi hanterar aldrig de där orden, meningarna och
slitaget från deras bruk

Vi är allt det där, så mycket mer vi kunde ha gjort av
det, men nu är slutet

Då är vi självständigt uppkäftiga och svårslängda i
ordbokens virrvarrs uppsåt

Avstånden är bara de tankar vi aldrig fått tid att avsluta
helt och hållet

Efterskrift

Texterna i "Den ludna dörren" är tillkomna under år 2007 på ofrivilliga platser som Frankfurts flygplats sedan planet hem försenats tre timmar. De ofrivilliga platserna kan också manifesteras som kvällar på hotellrum i främmande, just då ointressanta städer, i väntan på morgondagens visningar av tekniska nyheter.

Texterna var, och är i högsta grad fortfarande, ett försök att hålla kontakten med det egna livet, den egna kärnan, under ofrivilliga förhållanden. Skrivprocessen handlar om att realisera ett sätt att inte bli ett offer för omständigheterna, om man så vill. Så, kanske det går att säga att texterna är riktade mot något utanför den egna hjärnan.

Och ja, jag är inspirerad av Williams S. Burroughs och hans "cut-up" teknik från 1950-talet. Jag är inte ensam om det eftersom det sägs att David Bowie och Bob Dylan använde tekniken för en del av sina sångtexter.

På samma gång har jag inspirerats av "automatisk skrift" som av vissa psykiska medier använts som en påstådd kanal till andevärlden. Jag betraktar dock tekniken mer som en kanal in i skribentens egna undermedvetna, mer i surrealistisk efterföljd.

Surrealistisk automatism är en metod för skapa konst där artisten undertrycker medveten kontroll över tillverkningsprocessen, vilket gör det möjligt för det omedvetna sinnet att ha stor inverkan. "Pure psychic automatism" var hur André Breton definierade Surrealism.

Vid ett surrealistiskt evenemang på 1920-talet föreslog Tristan Tzara att man skulle skapa en dikt genom att dra lappar med ord ur en hatt. Andre Breton försköt Tristan Tzara från rörelsen och hänvisade cutups till den freudianska soffan.

Sommaren 1959 klippte Brion Gysins, målare och författare, tidningsartiklar i bitar och satte samman delarna slumpmässigt. Resultatet blev "Minutes to Go". "Minutes to Go" innehåller oförändrade cut-ups som genererar ganska sammanhängande och meningsfull prosa.

Vad man gjorde var att överföra collage-teknik, känd sedan längre bland bildkonstnärer, till text- och ordkonsten. Det var även under 1950-talet som skribenter som Williams S. Burroughs och Jack Kerouac av bildkonstnärerna lärde sig att göra skisser i anteckningsblock, med ganska spontana beskrivningar de kunde använda i längre verk.

Veta mer: William S. Burroughs and Brion Gysin, 1978. *The third mind.* A Seaver Book/The Viking Press. New York, N.Y.